유아
×
문화예술교육

부산문화재단 B·ART·E 총서 5

유아 • 문화예술교육

엄마랑 놀자! 예술로 놀자!

글쓴 이
임부연
손유진
김지윤
최남정
이은진
장서연
예정원
이혜은
이욱상

초판 1쇄 2023년 12월 21일

기획·편집 부산문화재단 부산문화예술교육지원센터

발행처 부산문화재단
부산광역시 남구 우암로 84-1(감만동)
T.051-745-7286 www.bscf.or.kr

발행인 이미연
출판유통 비온후
부산광역시 수영구 망미번영로 63번길 16
T.051-645-4115

BE ART 5

유아 X 문화예술교육

엄마랑 놀자!
예술로 놀자!

부산문화예술교육지원센터 엮음

부산문화재단

우산을 준비하는 이 세상 모든 엄마, 당신에게

"아…! 이번 주에는 또 뭐 하고 놀지?"
내 아이와 무엇을 해야 할지, 어디를 가야 할지, 무엇을 배우면 좋을지 주말마다 눈이 빠지게 SNS와 맘 카페를 전전하는 엄마들의 모습.
이 책은 그들의 고민과 한숨 속에서부터 시작됐다.

대부분 엄마들은 내 아이가 좋은 것만 보고 다양한 체험을 하길 원한다. 그래서 오감 발달에 좋다더라, 창의력과 집중력에 탁월하다더라 등 카더라 통신과 걱정의 홍수에 이리저리 휩쓸리다 보면 결국 제대로 된 교육관 하나 정립될 틈도 없이 우리 아이만 성큼 자란 것을 뒤늦게 발견하게 된다.
특히 워킹맘의 경우 주말만이라도 내 아이와 알차게 놀고 싶어서 SNS 속 엄마표 교육과 놀이들을 찾아보면 다들 왜 그렇게 부지런하고 대단한 건지 부럽기도 하고, 일과 육아에 지쳐 얼렁뚱땅 주말 시간을 흘려보내고 나면 아이에게 괜히 미안하고 죄책감마저 드는 게 다반사다.

비가 올 때 정작 필요한 것은 걱정이 아니라 우산이다. 이 책을 보게 될 '이 세상 모든 엄마' 독자들에게 아이와 함께하는 놀이가 숙제처럼 느껴지지 않고 든든한 우산이 되었으면 하는 바람으로 준비했다.

그동안 부산문화재단 부산문화예술교육지원센터에서는 B·ART·E 총서 시리즈 4권을 출간했다. 그리고 올해는 센터에서 기획한 유아-청소년-청장년-중년-노년으로 이어지는 생애주기별 문화예술교육 도서를 시작하는 첫해이기도 하다. 그 첫 번째 순서가 바로 '유아문화예술교육'이다.

이 책은 유아교육과 유아예술 등 여러 방면에서 활동하고 계신 선생님들의 이야기를 통해 워킹맘을 비롯한 엄마들이 가지는 고민과 걱정에 공감하면서, '나는 내 아이를 어떻게 키우고 싶은가'에 대해 함께 생각해 보는 성장의 시간을 가질 수 있도록 구성했다.

유아에게 예술이란 거창하게 준비하거나 기술적으로 배우기 어려운 것이 아니라 함께 거니는 산책길, 함께 읽는 그림책, 함께 하는 일상 속 모든 것이 예술이라는 점을 이야기하고 있다. 특히 디지털 시대에 예술로 하는 놀이의 중요성과 필요성에 대해 많은 전문가가 한 목소리를 내고 있다. 아이에게 예술을 감상하게 하고 체험하게 해주는 것이 전부가 아니라, 아이가 놀이로서 스스로 상상하고 창의적으로 펼칠 수 있도록 돕는 것이 엄마의 역할이라는 점도 시사하고 있다.

책의 내용은 크게 이론, 현장과 사례, 실현 등 3개 부분으로 나눠진다. 첫 번째는 한 생애 주기의 시작점에 있는 아이에게 예술이 필요한 이유와 그것이 놀이로 발현되는 과정을 유아교육의 학술적 입장에서 바라보았다.
두 번째는 아이들이 생활하는 기관(어린이집, 유치원)과 일상에서 쉽고 편하게 할 수 있는 현장 중심의 사례들을 담았다.
마지막으로는 예술가의 창의적 시각에서 아이와 함께 실제로 예술놀이를 해 볼 수 있도록 활동서 형태로도 꾸며 보았다.

봄이 오고 있다. 엄마와 함께하는 예술교육을 통해 우리 아이가 꽃 이름은 몰라도 어디선가 꽃이 피고 있음을 잊지 않는 행복한 아이로 자라길 바란다. 끝으로 유익한 예술교육 이야기를 쉽게 풀어주신 아홉 분의 필진과 끝까지 책의 완성도를 높이기 위해 힘써주신 출판사 관계자님께 진심으로 감사의 말씀을 드린다.

부산문화예술교육지원센터

♥ 이 책에서의 '엄마'는 양육자를 뜻하는 대표 명사일 뿐입니다. '엄마'는 '아빠', '할아버지', '할머니', '선생님' 등 아이와 함께 성장하기를 바라는 바로 당신의 또 다른 이름입니다.

1

아이가
예술과
함께하는
이유

아름다운
예술을 즐기는
유아를 위해

임부연
부산대학교 유아교육과

이화여자대학교 유아교육과를 졸업하고 미국 컬럼비아 대학교
(Columbia Uni. Teachers College)에서 '유아 미학교육'으로
석사와 박사 학위를 받았으며, 현재 부산대학교 유아교육과 교
수로 재직하고 있다. 공교육의 개선에 놀이와 예술 철학을 결합
하는 연구에 관심을 가지고 있다. 심미수업, 유아 미학교육 등
의 저서를 집필했으며 '유아에게 귀 기울이기' 등 'Contesting
Early Childhood Education' 시리즈 번역서 발간에 참여하면
서 최근에는 놀이중심 교육과정의 학교교육문화 확산을 지원
하는 노력을 계속하고 있다.

유아란 존재에 대한 이해

아이 키우기 힘든 시대 어른들의 고민

유아란 어떤 존재이며 어떤 경험이 가장 좋은 것인가? 이러한 질문에 답을 하는건 쉽지가 않다. 우리는 아주 온전하고 전인적이고, 사회적으로 성공한 행복한 유아로 키우고 싶지만 그것은 쉬운 일이 아니다. 좋은 어린이집이나 유치원, 숲과 자연, 비행기를 타고 가는 여행, 영어나 수학을 배우는 학원까지 유아들을 위해 어른들이 해주고 싶은 경험은 참으로 다양하다. 그러나 아이들의 시간은 한정되어 있고 모든 경험을 다 할 수도 없을뿐더러 모든 경험을 다 한다고 행복한 인간이 되는 것도 아니다. 더구나 유아의 좋은 경험을 위한 어른들의 선택은 그렇게 자율적이기도 쉽지가 않다. 오히려 유아의 경험은 이미 사회가 만들어 놓은 어떤 틀 안에서 이루어진다. 학교와 학원, 아파트와 대형마트, 키즈카페와 그림책, 게임기 등은 모두 현대사회가 만들어 놓은 어린시절 경험의 틀이 되고 있다. 또한 주말에는 부족한 경험을 채우기 위하여 캠핑과 여행, 심지어 비싼 예술이나 문화체험 등 유아의 좋은 경험을 위한 어른들의 선택과 실행은 분주하고 다채롭다. 그러면서 어른들은 한편으로 늘 불안하다. 우리 아이들은 정말 좋은 경험을 하고 있는 것일까? 좋은 대학을 가고 좋은 직업을 가질 수 있을 것인가? 좋은 친구와 좋은 짝을 만나고 행복한 인간으로 살아 갈 수 있을 것인가? 이러한 불안감에 늘 시달리기도 한다. 최근에는 TV에서 유아들과 함께 놀아주는 부모들 또는 유아 심리상담을 병리학적으로 진행하는 프로그램들이 유행하고 있다. 어른들은 '오늘 뭐하고 놀까?'를 아이에게 끊임없이 묻고 '우리아이가 이상해요' 라며 늘 걱정하는 모습이 전파를 탄다. 유아와 함께 이 시대를 살아가는 어른들의 고민과 불안감이 사회적 매트릭스 안에서 반복되고 심화되는 모습을 보인다. 오늘날 어른들은 유아를 어떻게 이해해야 하고 무엇을 해야 할까?

어른과 다른 유아들을 이제야 이해하기 시작한 어른들

인류의 역사 속에서 유아란 존재에 대한 이해는 참으로 미비하였다. 가난과 배고픔, 자연의 횡포 속에서 인류는 유아를 이해하기보다는 생존에 대한 열망이 높았다. 20세기 전후 인류가 도시를 중심으로 물질적 비약을 이루며 유아란 존재에 대해 주목하기 시작하였다. 많은 심리학자들이 유아가 어떤 존재인지를 연구하고 이해하게 되면서 유아의 인권과 행복에 대한 목소리도 높아졌다. 특히 실험심리학과 인지심리학의 연구에 힘입어 아동의 성장과 발달의 중요성이 논의되기 시작하면서 유아들은 학교에 가는 존재로 규정되었다. 신생아기와 영아기, 유아기가 구분되고 학교에 가기 직전의 유아들에게도 각 연령별 발달에 따라 요구되는 역할과 경험이 학문적으로 제시되었다.

인지심리학의 관점에서 보면 유아는 1세가 되면 걷고 점차 한두 단어를 말하고 글자와 숫자를 배우고 생활습관을 익히는 능력이 요구된다. 정상적 발달단계가 만들어 지고 유아는 이러한 정상적 범주에 무난하게 학습하는 존재가 되어 학교에 잘 다녀야 한다. 부모로서 어른들은 유아가 이렇게 사회가 만든 학교에서 일탈하지 않고 성공적으로 학교생활을 하는 것을 최우선의 과제로 여긴다. 그러나 학교를 다니기 전에 영유아기의 경험은 고정된 지식을 가르치는 학교에서의 경험과 다른 차원에서 이루어 질 필요가 있다. 영유아기는 인간학의 관점에서 볼 때 아주 특별한 시기이고 평생 어른으로서 살아갈 경험의 기초가 만들어지는 시기라는 점에서 유아의 고유한 존재와 이를 지원하는 교육이 필요하다.

루돌프 슈타이너는 예술과 영성으로 잘 알려진 발도르프 학교의 창시자이자 인간의 초감각적 세계에 주목하여 어린시기 교육을 어떻게 해야 할지를 매우 구체적으로 고민한 철학자이자 교육자이다. 슈타이너는 인간을 발달심리학이 제시한 성장의 단계 이외에 독특한 '영성의 발달'에 주목하고 상상력과 예술을 가장 중요한 교육내용으로 제시하였다. 이러한 다양한 유아의 연구에 기반하여 볼 때 우리는 유아가 어떤 존재인지를 좀 더 심층적

으로 이해할 필요를 느낀다. 유아는 여하한 어른과 다르게 생각하고 경험
하며 아주 독특한 방식으로 '자신의 어린 세계'를 만들어 가는 고유한 존재
자라는 점을 알게 된다.

가방과 빗소리, 음식냄새가 신기한 생활속의 유아들

유아는 아주 독특한 지각 방식으로 세계를 이해하며 성장한다. 어른들은
숲속에서 아름다운 꽃과 나무의 이름을 말하지만 유아는 오히려 움직이는
작은 벌레에 주목한다. 어른들은 벌과 나비, 거북이와 개미의 이름을 가르
치고 싶지만 영아들은 아주 본능적으로 신체를 바닥에 납작하게 엎드리고
기어가는 흉내를 낸다. 유아가 세계를 이해하는 방식에서 가장 중요한 것
은 '신체'를 통해 교감한다는 점이다. 유아는 어른들이 만들어낸 사물의 명
칭 즉, 가방이나 책상, 신호등과 자동차, 유리 등과 같이 이름으로 세계를
만나는 것이 아니라 감각적 특이성으로 사물을 만난다. 즉 둥글고 거칠고
딱딱하고 빛나고 붉고 푸르고 이상한 소리를 내는 특이한 모양을 가진 사
물을 아주 섬세한 감각으로 만나는 것이다.

어린시절은 감각적 체험을 바탕으로 평생 어른들의 기억이 바다가 생성되
는 시기다. 어른들이 알고 싶어하는 유아에게 좋은 경험이란 특별한 경험
이 아니라 유아가 세계를 경험하는 과정에서 접하는 일상적인 경험이어야
한다. 유아가 비싸고 특별한 여행을 통해 멋진 경험을 만드는 것이 아니라,
잠을 잘 때 들리는 빗소리, 창문에 들어오 는 빛, 배
달된 택배상자속의 기이 한 물건
들, 어머니가 툭탁거리며
만들어 내는 음식 소리들

을 들으며 세상을 알아간다. 또한 유아는 이러한 사물들이 늘상 고정된 것이 아니라 매일 변하고 매일 다른 소리와 다른 모양과 색을 만들어 낸다는 것을 감각적으로 주목하며 성장한다. 이러한 감각적 경험이 주는 아주 독특한 지각을 슈타이너는 인간의 보편적 감각 너머 일어나는 '초감각적 세계'라고 설명한다.

말하는 거북이와 펭수와 친구가 되고 싶은 유아들

초감각적 세계에 기반하여 유아들이 말하는 거북이와, 어른을 닮지 않은 펭수, 힘이 센 겨울왕국의 엘사를 좋아한다. 좋아하는 것이 아니라 그냥 그들을 사귀고 싶은 친구로 여긴다. 어른들은 잃어버린 초감각적 세계에 기반하여 유아들은 흙을 만질 때, 모래놀이를 할 때, 나뭇잎을 모으거나 흐트러뜨리며 자신만의 고유한 느낌, 어떤 정서를 만들어 낸다. 언어를 습득하기 이전이므로 이러한 느낌을 언어로 표현하는 것에 익숙하지 않다. 언어로 표현하지 않기 때문에 어른들의 눈에 보이지 않지만 계속 초감각적 경험으로 세계를 만들어 가고 있다. 다양한 크기의 보자기와 천, 옅은 햇살이 비치는 얇은 천들은 형언하기 어려운 이미지를 형성하고 언어로 말하기 어려운 느낌과 정서가 발생한다. 끈끈과 색종이, 아주 큰 종이와 작은 레고 블록들, 테이프와 색끈, 철사와 바퀴 등은 모두 유아의 감각을 흥분시키는 사물들이다. 이러한 사물은 어른이 이름 붙인 이름으로 고정된 것이 아니라 유아의 손에 의해 언제든지 다른 이름으로 변신하는 물질 덩어리들이다. 보자기는 터널이 되고, 망토가 되고, 모래는 수로가 되며, 긴 실은 애벌레가 되고 테이프가 거미집이 된다. 놀이감이나 자연물, 장난감과 생활 소품들은 모두 어른들이 분류해 놓은 사물들의 이름이지만 유아에게는 아주 다른 세계의 원료가 되어 주는 물질들이다. 따라서 어른들이 기획하여 선물하고 싶은 비싸고 의도적이고 훌륭한 경험은 늘상 유아 스스로 만들어 내는 초감각적 세계에 의해 무너지고 다시 쓰인다. 유아는 비오는 날 물줄기에서 더운날 호수의 물보라와 식물을 돌보며 물을 뿜는 스프레이에서 이러한 기묘한 체험을 하고 어른들이 듣지 못하는 신비한 소리를 듣기도 한다. 비싸고 훌륭한 경험의 종류가 아니라 자신의 신체감각이 만들어내는 초감각적 세계가 유아 경험의 질을 좌우하는 것이다.

인류가 보존해온 초감각적 유전자를 가진 유아들

유아가 가지는 이 독특한 초감각적 세계는 빨리 벗어나야하는 것이 아니라 매우 소중한 역량들이며, 오래도록 즐기고 충분히 향유하도록 보존해주어야 하는 시간이다. 라캉의 말처럼 유아의 상상계는 어른이 되기 위한 인간의 '입사의식'과 같은 것이라 반드시 겪고 지속해야할 시간이다. 더욱 중요한 것은 이러한 감각적 기억이 이후의 학교에서 학습의 원천이 된다는 점이다.

인류의 탄생과 기원, 뇌 과학 등을 연구해온 박문호 박사에 의하면 인간의 초감각적 인식능력은 어린시기 나약한 존재가 가지는 특이성이 아니다. 그것은 인류의 탄생과 생존과 깊은 관련성을 가진다. 인류는 자연과 사투하며 늘 생명을 향한 초감각적 인식능력을 진화시켜야 생존이 가능한 투쟁의 역사를 가진다. 추위와 배고픔, 날카로운 뿔과 이빨을 가진 동물들을 피해 다니고 수렵과 채취를 하는 동안 인류는 자신을 보호하고 생존하기 위하여 복잡한 척추 신경망을 발전시켜왔다. 아무것도 보이지 않은 칠흑 같은 밤에 맹수들과 벌레들, 미세한 생명체들이 움직이는 소리와 별과 하늘로부터 떨어지는 신비한 기운들을 감지하며 대응하고 살아가기 위해 인류는 매우 섬세하고 풍부한 초감각적 능력을 발전시켜 왔다. 학자들은 인류가 만들어낸 복잡한 신경망과 초감각적 인식능력이 유약한 어린시기에 생존을 위해 작동하는 기제로 본다.

인류의 기원과 인간의 본성을 탐구해온 많은 과학자와 철학자들은 유아의 초감각적 세계를 나름대로 독특한 방식으로 해석하며 인류의 자산과 미래 사회의 힘으로 연결시켜주는 메시지를 던져주고 있다. 베르그송의 '물질과 기억'의 저서에는 신생아부터 아주 어린 영유아기의 유아들이 자신의 감각적 신체를 축으로 하여 어떻게 세계를 탐색하고 알아가는지를 섬세하게 묘사하고 있다. 라캉의 상상계와 상징계, 슈타이너의 초감각적 영성에 대한 탐구 피아제가 감각적 단계로 묘사한 어린시기 등은 모두 인간의 생애초기 독특한 지각방식을 심층적으로 설명한 이론들이다. 유아는 초감적이고 섬세한 우주와의 소통을 통해 자신을 알아가고 주변세계와 교신하며 인식론적 존재자로 성장해 간다. 그것을 빠르게 어른이 되도록 재촉할 것이 아니라 천천히 충분하게 향유하고 발전시키도록 도와주어야 한다.

그리고 어른들의 세계로부터 온전히 어린시기를 지켜주기 위한 교육적 노력의 중심에는 항상 '예술'이 있다. 예술이야 말로 모든 인간을 가장 인간답게 만들어 주는 원형이자 되돌아 가야할 고향이다. 유아들의 감각은 예술가들의 감각에 가장 근접해 있다.

심미적인간과 유아예술교육

유아처럼 느끼는 예술가들의 초감각적 세계

라흐마니노프스키 인간의 감정선을 밑바닥에서부터 휘젓는 듯한 피아노의 선율은 유명한 클래식이지만 인간이 만들어 내는 가장 아름다운 소리 중의 하나이다. 이 곡을 아름답고 독창적으로 해석한 우리나라 피아니스

트 임윤찬의 이야기를 들으면 그가 연습한 것은 피아노가 아니라 불교예술의 소리에 관한 것이다. 아주 섬세하고 훌륭한 청각을 가진 음악가들은 우주의 기운이 전달해 주는 그 소리를 듣는다고 한다. 그 소리와 깊은 교감을 하며 손의 감각이 피아노의 건반을 거닐며 그 촉각과 청각을 통합적으로 연결하는 탁월한 '공감각'의 세계를 창조한다. 피아노는 나무 조각들이 서로 부딪히며 우리가 한 번도 들려주지 않은 소리를 만들어 내기 위하여 피아니스트의 손에 부응하며 최선을 다해 춤추기 시작한다. 파가니니의 바이올린이나 우리나라 가야금산조의 자진모리나 휘모리의 선율들은 모두 듣는 사람들의 심금을 휘저으며 그것이 내가 잘 알고 있는 나무와 줄이 만들어내는 물질적 전회임을 미처 알지 못하도록 새로움을 준다. 악기를 다루는 섬세한 기인들은 인간의 청음이 구분해내는 소리의 스펙트럼 앞에서 우리가 일상에서 늘 접하는 사물들이 부딪히며 내는 소리 너머의 신비스럽고 마술적인 소리를 들을 수 있도록 예술의 세계로 안내한다.

'내가 보는 것을 너희들은 볼 수 없다'고 외치는 모딜리아니의 절규는 아무도 보지 못하는 가장 섬세한 여인의 목선을 만들어서 우리에게 아름다움이 무엇인지를 대신 볼 수 있는 예술을 선물한다. 화가들은 보이는 것을 그리는 것이 아니라 그들의 신체감각이 미세한 감정선을 타며 초감각적인 감수성으로만 만날 수 있는 그 초월적 이미지를 형상화 한다. 이중섭이 그린 물고기와 아이들, 천경자가 만들어내는 여인들의 색채, 고호가 들려주는 여름을 먹어버린 해바라기의 형상은 모두 우리에게 한 번도 본 적이 없는 예술의 세계를 보여준다. 이렇게 인류의 역사만큼 오래된 예술은 유아처럼 생각하고 느끼는 예술가들의 초감각적 세계가 빚어내는 심미적 공간이다.

예술가처럼 느끼고 생각하는 유아 예술교육

예술가들의 작품이 종종 유아의 그림이나 시어와 비슷하다는 점을 어른들은 알고 있다. 유아가 느끼는 초감각적 세계는 예술가만이 듣거나 느끼는 소리와 형상의 모습을 많이 닮아있다는 점이다. 학자들은 예술가의 두뇌작용과 유아의 두뇌작용의 유사성, 또는 감수성이나 초감각적 인식능력 등으로 볼 때 예술가와 유아의 공통점은 '문자와 언어'를 최소화 하거나 거의 다루지 않는다는 점이라고 지적한다. 글자와 숫자, 어른들의 말을 배우는 것을 우리는 인지적 학습의 기초라고 볼 때 유아는 이러한 글자중심의 인지적 학습 이전의 단계에 살고 있다. 예술가들은 학교교육을 받지 않아도 놀라운 예술작품을 만들어 낸다. 예술은 고정된 글자와 숫자, 명료한 과학적 표현을 통해 배우는 기술이 아니라 예술가만이 느끼는 고유한 느낌과 정서를 형상화 하는 것이기 때문이다. 이러한 점은 유아와 예술가가 만나는 지점이다.

유아처럼 예술가는 바위나 나무, 자동차와 집, 문과 복도, 가위와 포크 등 보이는 사물을 있는 그대로 그리는 것이 아니라 느낌이 만들어 내는 형태

와 무늬, 색과 소리, 움직임 등으로 바꾸어 형상화 한다. 이것은 문자를 배우기전 유아가 세계를 만나는 방식과 거의 유사하다. 예술가들은 작품을 만들 때 어린 시절 경험(기억)의 원천을 불러오며 독창적 방식으로 변형하는 작업을 한다. 유아는 경험에 기반해 예술가적 행위를 하는 것이다.

예술기반 교육으로 유명한 슈타이너 학교에서는 이러한 예술가적 마음과 유아의 초감각적 마음에 주목하여 독특한 교육과정을 운영한다. 특히 어린 시절 예술교육의 중요성을 강조하고 예술가적 상상력에 기반한 교육과정을 운영하는 것으로 유명하다. 또한 예술에 기반한 교육은 예술가를 키우기 위함이 아니라 예술가적 삶을 향유하도록 돕는 것이다.

유아 예술교육은 예술적 기교나 천재적 예술가의 기술을 배우려고 하는 것이 아니라 어른이 되어서도 예술가적인 마음으로 살도록 돕기 위한 것을 말한다. 어린 시절 가졌던 독특한 예술가적 감수성과 마음작용을 어른이 되어서도 잊어버리지 않고 향유하며 즐기도록 돕는 것이다. 유아 예술교육은 어른이 되어서의 삶의 행복감과 질에 많은 영향을 준다. 인지 학습을 강조하는 학교교육을 통해 성장하는 아이들은 점점 영민하고 풍부했던 감수성을 잃어버린 어른들로 성장하기 쉽다. 학교는 사회가 만든 고정된 기호와 지식을 강조하고 정해진 교과지식을 학습하는데 중점을 두기 때문이다. 학교가 바뀌는 것은 쉽지 않을뿐더러 앞으로 학교에서 살아가야할 유아를 위해 어린 시절 좋은 예술적 체험을 많이 함으로써 학교에서의 힘든시간을 건강하게 견디도록 도와주는 것이 필요하다.

한 번도 본적이 없는 나무와 구두를 상상하는 유아 예술교육

뉴욕의 컬럼비아 대학에서 미학교육을 강조하는 맥심그린교수는 '굳어버린 감각을 되살리는 미학교육'을 강조한다. 어른들이 되어 이미 잃어버린 감각, 느낌, 상상력을 복원하고 어린 시절 심미적 감수성에 기반한 예술교육의 필요성을 주창하였다. 뉴욕의 링컨센터 미학교육센터는 유아 예술교육을 포함하여 어른들의 감각을 깨우고 예술가적 삶을 사는 것이 무엇인지를 다시 교육하는 미학교실로 유명하다. 특히 수학과 과학, 사회와 국어 교과를 다루는 선생님들도 어떻게 예술에 기반하여 아이들을 가르칠 수 있는지 본인들의 예술가적 감수성을 복원하는 노력에 기꺼이 참여한다. 미학교육의 목적은 어른이 되어 무뎌진 감각을 어린아이의 감각으로 되돌리는 작업이고 뻔해진 세상을 다시 새롭게 바라보는 시선을 배우는 것이다. 맥심그린은 어린 시절 원형적 기억을 파고 들어가 그 경험의 원천을 복원해 내는 상상력이 학교교육에서 중요함을 강조하였다.

'아무도 한 번도 가보지 못한 세계를 가보는 느낌, 어른들이 만든 세계가 아니라 내가 직접 느끼는 주변의 돌과 바위, 나무와 풀, 꿈을 꾸듯 날아보는 하늘과 새들, 평범한 사물들이 나에게 말을 걸고 아무도 본적이 없는 그 색과 형태를 기억하며 나만의 상상력으로 누구도 한 번도 보지 않은 모양과 춤, 소리와 색을 만들어 내도록 하는 것이 미학교육의 역할이다 (상상력에 기반한 미학교육)

미국의 유명한 교육학자인 존듀이는 인간의 경험에서 예술적인 것이 가장 탁월하고 우월한 경험이라고 강조하였다. 듀이는 특별한 예술작품을 만나거나 창조하는 것이 아닌 유아의 일상적 세계가 곧 예술의 원천이라고 하였다. 듀이는 일상의 경험, 평범하고 반복되는 경험을 예술가적인 감수성으로 변형시켜가는 예술교육을 강조하였다.

늘 지나다니는 길목에서 매일 달라지는 사람들, 옷, 냄새, 색깔들, 아침에 떠오른 태양과 밤이 되어 비추는 불빛들, 길거리를 달리는 자동차, 매일 수백 개씩 빵을 만들어 내는 가게, 김이 모락한 만두와 퇴근길을 서두르는 구두소리...이러한 도시와 길에서의 경험이 아주 특별한 예술의 원천이 된다. (일상의 경험으로서의 예술)

상상력과 일상적 경험은 유아의 세계를 예술가의 감수성으로 이해하고, 지원할 수 있는 중요한 축이다. 유아에게 좋은 경험은 유아의 고유한 감각적

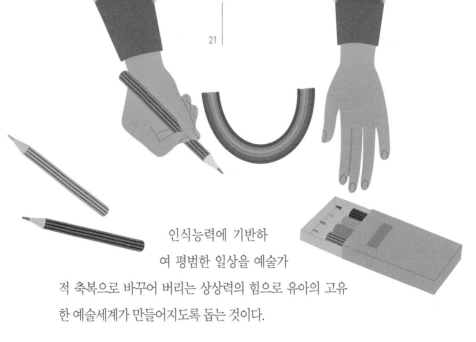

인식능력에 기반하
여 평범한 일상을 예술가
적 축복으로 바꾸어 버리는 상상력의 힘으로 유아의 고유
한 예술세계가 만들어지도록 돕는 것이다.

부모들을 위한 유아예술교육 방향

유아에게 좋은 경험으로서 예술교육의 중요성을 아무리 강조한다 해도 유
아 예술교육이 무엇을 지향하는지 어디로 가야하는지를 짚어 보는 것은
중요하다. 앞에서도 지적하였듯이 예술교육의 목적은 탁월한 천재적 예술
가를 키우는 것이 아니라 예술가적 마음을 평생토록 향유하도록 돕는 것
이다. 어른들이 유아에게 선물하고 싶은 가장 탁월한 경험으로서 예술과
유아 예술교육에서 놓치지 않고 주의해야 할 점을 짧게 정리해 보면 다음
과 같다.

예술적 기교보다 좋은 경험을 주는 예술
먼저 유아 예술교육은 기교를 배우는 것이 아니라 신체가 겪는 경험을 강
조하는 것이어야 한다. 앞에서도 지적하였듯이 어떤 예술적 기예도 유아
가 어떻게 그것을 감각적으로 느끼고 향유하는지에 따라 달라진다. 평범
한 흙과 나뭇가지가 비싼 물감보다 월등히 좋은 경험일 수 있다. 때로는 가

슴을 떨리게 하는 물감을 만져보는 느낌이 유명한 화가의 예술을 감상하는 것보다 월등히 좋은 경험일 수 있다. 피아노를 치거나 발레를 배우는 경험보다 더 다양한 소리와 더 아름다운 소리를 들어보는 경험이 중요하다.

일상적 감수성을 키우는 예술

유아예술교육에서 심미적 감수성을 키우는 것만큼 중요한 가치는 없다. 심미적 감수성은 아주 평범한 사물을 아주 특별한 이야기로 읽어내고 사랑하게 되는 인식능력이다. 좋은 책으로 알려진《나의 문화유산답사기》를 쓴 유홍준교수는 특유의 예술적 감수성으로 우리나라의 평범한 사물들인 돌과 불상, 기와와 돌탑, 사찰과 풍경소리 등 평범한 문화를 누구라도 그 곳에 한번 다시 가보고 싶은 충동이 일도록 새롭게 변신시킨다. 감수성은 인간이 가진 세상과 가장 아름답게 대화하는 능력 중 하나이고 다른 사람에게 감동을 주는 선물과 같은 것이다. 어린 시절 좋은 경험과 예술과의 다양한 체험은 인간의 감수성을 키우는데 가장 좋은 원천이다. 유아예술교육이란 인간이 자연과 사람, 사회와 문화에 대해 깊은 감수성을 가지고 자라나도록 돕는 것이다.

아름다움을 느끼는 예술

유아예술교육은 또한 아름다움을 체험하게 돕는 것이다. 예술재료들은 무엇이든지 감동적이고 좋다. 작은 종이와 펼쳐서 끝이 보이지 않는 커다란 종이들은 그 자체로 감동적 경험이며, 빛이 비추는 종이와 섬세하게 물이 들은 고운 옷감과 한지의 색들은 미적 완성도를 높여준다. 둔탁하게 만들거나 어질러진 유아 예술의 결과물이 한 번도 보지 못한 배열과 배치로 심미적 전시로 둔갑할 때 유아가 느끼는 아름다움의 감동이 있다. 특히 예술에서 아름다움'을 강조한 프레드리히 쉴러는 '인간의 미적 교육에 관한 편지'에서 인간은 매우 의도적으로 아름다움 대해 배울 필요가 있다고 하였다. 쉴러가 강조한 아름다움은 감각적 충동과 형식적 충동이 즐거운 유희충동으로 변모하며 자유로움을 느낄 때 만들어지는 즐거움이다. 이러한 예술에서 아름다움을 만들어 내는 유희충동을 유아 삶속에서 가장 적절하게 구현하는 방식은 다름 아닌 '놀이'이다.

놀이로 하는 예술

따라서 유아예술교육은 '놀이'를 통해 하는 것이 가장 좋다. 놀이로 하는 예술에서 중요한 것은 '자유로움'이다. 놀이는 답을 가지지 않는 형식의 자유로운 질서이다. 놀이의 규칙과 내용은 아이들이 스스로 만들어 낸다. 스스로 자율 속에서 만들어가는 놀이는 그 자체로 형식과 감각충동 모두를 아우르는 유희충동으로 예술적 형상을 어떻게든 만들어 내는 즐거운 배움이다. 모래놀이, 물놀이, 인형놀이, 연극놀이, 거미줄놀이, 꿀벌놀이, 가게놀이, 목욕탕놀이, 김밥놀이, 지하철놀이...수많은 놀이에는 자유로운 형식이 있고 유아들은 놀이의 재료를 어떻게든 바꾸어 새로운 형식과 질서를 만들어 낸다. 핑크에게 놀이는 일과 작업에 비해 열등한 것이 아니라 오히려 문화적 전승을 가능케 하는 우월한 것이다. 인류는 놀이를 통해 상징을 만

들고 문화를 전승하여 왔다고 본다. 유아에게 놀이는 새로운 표현과 창작
을 만들어 내는 학습의 방식이다. 유아는 놀이하며 무엇이든지 변형시키고
창조한다. 예술가의 섬세한 기교만을 가지지 않을 뿐 유아 예술표현은 예
술가의 표현과 크게 다르지 않다. 놀이에서 유아는 창조하며 표현하는 예
술가로 살아간다.

상상력을 키우는 예술

유아예술교육의 힘은 어린시기 상상력을 자극하고, 이를 학교를 다니는 동
안 유지시켜 힘을 발휘하도록 도와주는 것이어야 한다. 따라서, 교육을 통
해 유아들이 학교가 이미 정해놓은 기호와 상징에 매몰되어 버리지 않도
록 스스로 상상하는 것을 좋아하고 연습할 수 있는 시간을 주어야 한다. 상
상력은 기계와 AI가 지배하는 미래에서 유일하게 인간을 인간답게 발휘하
도록 하는 능력이고 기계를 다스리게 하는 원천이 된다. 기계가 인간처럼
상상을 할 수 없는 것은 인간처럼 피와 살을 가진 신체를 가지지 못했기 때
문이다. 인간의 신체는 뼈와 살, 피와 신경다발의 미세한 얽힌 덩어리는 기
계가 흉내 내지 못하는 초감각적 세계이다. 초감각적 감수성을 통해 기계

가 도저히 파악하기 힘든 느낌과 새로운 생각을 창조하는 힘을 가지는 것이다. 따라서 유아 예술은 정해진 기능을 배우는 것이 아니라 인간이 한 번도 조합해 보지 않은 경험이미지를 불러와 이미지(상)와 이미지(상)를 자유롭게 결합하여 완전히 새로운 상을 창조할 수 있도록 열어주는 것을 말한다.

행복감을 주는 좋은 친구로서 예술

마지막으로 좋은 유아 예술교육은 유아가 어른이 되어서도 고양된 enlightened 감수성을 가지고 아름다움을 향유하며 삶의 행복감을 가지도록 돕는 것이다. 예술은 일상적 생활과 직업에 지친 사람들을 예술의 세계로 일탈하게 하고 다시 일상으로 복귀하도록 하는 힘을 만들어 준다. 바쁜 일상에서도 좋은 책을 읽거나, 좋은 영화를 찾아내고 감상하며, 가끔씩이라도 미술관과 공연을 보며 예술이 주는 힘을 유지하게 한다. 특별한 예술장르가 아니더라도 보편으로서 예술은 인간이 힘든 세상에서 "그래도 태어나길 잘했어"라고 말을 건네주는 친구이다. 칸트가 판단력 비판에서 말하고자 한 인간됨의 규범에서 '이토록 힘든 세상에서 이렇게 좋은 감각을 스스로 향유하며 스스로 자율적이고 도덕적 인간'이 될 수 있도록 도와준다는 점에서 예술만한 것이 없는 것이다. 유아 예술교육은 어른이 되어서도 예술적 경험을 잊지 않고 예술을 친구처럼 가까이 하고 아름다움과 행복감을 가지도록 돕는 것이어야 한다.

놀이하는 아이는 예술가,
어떻게 놀이할까?

손유진
동의대학교 유아교육과

부산대학교 사범대학 유아교육과를 졸업하였고, 부산대학교
대학원에서 교육학 석사와 박사를 받았다. 현재는 동의대학교
유아교육과 교수로 재직하고 있다. 2019 개정 누리과정 연구
진으로 참여 '놀이 이해 자료집'과 자료집의 강사용 콘텐츠를 개
발하여 교육부장관 표창을 수상한바 있다.

유아예술교육의 방향

유아교육은 지금-여기-우리의 아이들이 행복한 삶을 살아가는 것과 함께 미래에 필요한 인재역량을 갖추는 것 두 가지 모두를 목표로 한다. 현재에 충실하면서 동시에 미래에 필요한 역량이 무엇인지에 따라 유아교육도 교육의 방향성을 가진다. 인류는 오랫동안 아름다움(美)에 관심을 가지고 다양하게 즐겨왔다. 아름다움을 향유하는 것에서부터 '창조'에 이르는 예술교육은 최근 교육이 주목하는 창의-융합형 인재에 가장 적합한 교육이다. 모든 교과가 이제 '창조하는 인간'으로 향해가고 있다. '창조하는 인간' 즉 창의-융합형 인간이 바로 교육의 목적이 된 것이다. 유아예술교육은 이제 미술, 움직임, 음악에 국한되지 않는다. 유아가 창조하는 삶과 앎으로 확장되어 가고 있다. 이에 유아예술교육의 방향을 미래교육과 교육의 목적인 유아의 배움과 관련하여 살펴보고자 한다. 유아가 창조하는 세계, 유아가 적극적으로 주도하면서 배워가는 세계이다.

미래에 필요한 인재는? 미래 인재 역량에 적합한 예술교육으로

미래 사회는 불확실성과 복잡성의 특성을 갖는다. 예측하기 힘들지만 이는 다양한 기회가 열리는 것이기도 하다. 지금까지 생각하지 못했던 것들이 주목받는 사회이다. 앞선 세대가 만들어둔 지식만으로는 어려운 것이다. 새로운 역량이 필요하다. 이것을 교육에서는 창의 융합형 인재로 지칭하며 최근 교육에서 중요하게 다루고 있다.

> 미래 교육에서 이제는 '국민 교과서'가 된 클라우스 슈밥의 <제4차 산업혁명>보고서에서는 우리의 정신과 마음, 영혼을 모아야 미래에 대응할 수 있다고 하였다. 그는 4차 산업혁명의 핵심은 '기술이 아니라 인간애'라고 하였다. 이와 관련하여 4대 지능을 다음과 같이 설명한다. *UNESCO, 이희수, 알.쓸.U.잡 / 제4차 산업혁명의 플랫폼으로서의 유네스코, https://unesco.or.kr/data/unesco_news/view/741/504/page*

미래교육의 방향은 '기술이 아닌 인간애' 이와 관련된 4대 지능

첫째, 정신(the mind): 상황맥락적 지능으로 인지한 것을 이해하고 적용하는 능력

둘째, 마음(the heart): 정서지능으로 생각과 감정을 정리하고 결합해 자기 자신

및 타인과 관계를 맺는 능력

셋째, 영혼(the soul): 영감지능으로 변화를 이끌고 공동의 이익을 꾀하기 위해 개

인과 공동의 목적, 신뢰성, 여러 덕목 등을 활용하는 능력

넷째, 몸(the body): 신체지능으로 개인에게 닥칠 변화와 구조적 변화에 필요한

에너지를 얻기 위해 자신과 주변의 건강과 행복을 구축하고 유지하는 능력

정신, 마음, 영혼, 몸의 4가지 지능은 서로 결합되어 있다. 이러한 능력은 오래도록 예술교육의 방향이었다. 읽고 쓰고 계산하고 측정하고 추론하는 것으로는 부족하다. 미래 사회는 기술보다 인간애이다. 정신, 마음, 영혼, 몸의 4가지 지능이 필요하다. 상상하고 사고하고 다양한 표현 활동을 포함하는 예술교육은 그 과정 자체로 정신, 마음, 영혼, 몸의 4가지 지능을 함양하는데 적합하다. 이러한 지능은 아래 EBS 미래 교육 플러스(2019)에서 인용하여 기술한 핵심 역량 4C에서 구체적으로 드러난다. 비판적 사고능력, 창의성, 의사소통능력, 협업능력이다. 심미감, 표현력, 창의성, 정서, 인간에 대한 성찰과 이해, 다양한 문화적 경험 등을 주요 내용으로 하는 유아예술교육은 이러한 역량을 키우는데 가장 적합하다고 할 수 있다. 유아예술교육은 비단 예술적 감수성과 표현 뿐 아니라 비판적 사고능력, 창의성, 의사소통능력, 협업 능력 미래 인재에 필요한 역량을 함양하는 쪽으로 이루어져야 한다.

미래 인재의 핵심 역량은 통합적으로 발달한다. 역량은 개별적으로 발달하지 않는다. 그렇기에 예술교육은 통합적인 방식으로 이루어져야 한다. 문학, 음악, 미술, 동작, 무용, 연극 등으로 구분되기 보다는 예술교육은 서로 통합적이고 자연스러운 방식으로 이루어져야 한다. 예술영역의 지식, 기

능, 태도 등이 통합되어야 하며 예술교육의 내용 영역 또한 재미난 주제와 놀이 중심으로 통합되어야 한다. 정신, 마음, 영혼, 몸은 따로 독립적으로 발달하지 않을 뿐만 아니라 유아의 삶에 기반해야 생명력을 갖는다.

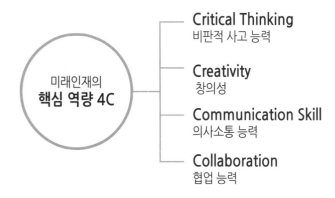

미래인재의
핵심 역량 4C

Critical Thinking
비판적 사고 능력

Creativity
창의성

Communication Skill
의사소통 능력

Collaboration
협업 능력

서유정, 4차 산업혁명시대, 미래 인재에게 필요한 역량은? - EBS 미래 교육 플러스https://blog.naver.com/PostView.nhn?blogId=ebsstory&logNo=221595984274

놀이로 예술을 경험하면서 배우는 유아,
배움에 적합한 유아예술교육으로

아이는 놀이로 예술을 경험하면서 잘 배울 수 있다. 아이가 예술을 경험하면서 배우는 것은 타고난 것이며 다양한 예술 경험을 하면서 아이는 성장한다. 예술을 경험하는 아이는 세상과 소통하고 세상에 대해 배운다. 호기심으로 세상을 궁금해하고 탐색하면서 주변과 관계 맺는다. 사물, 물체, 놀잇감 그리고 자연을 만지고 탐색하고 보고 들으면서 아이는 적극적으로 탐구하고 상상한다.

 현행 국가수준 교육과정인 2019 개정 누리과정이 추구하는 5개 인간상을 토대로 배움에 적합한 유아예술교육 방향을 찾을 수 있다. 현행 국가수준 교육과정인 2019 개정 누리과정은 놀이 중심 교육과정 성격을 갖는다. 형행 국가수준 교육과정은 놀이할 때 아이의 배움에서의 유능성에 주목하고 있다. 아이가 언제 가장 잘 배우는지, 어떻게 가장 잘 배우는지 그리고 즐겁게 배우는지, 아이의 배움의 특성을 고려할 필요가 있다. 유아예술교육은 예술을 경험하면서 잘 배우는 아이의 특성에 주목하여 이루어져야 한다.

아이가 가장 잘 배우는 방식은 무엇인가? 아이는 놀이할 때 가장 잘 배운다. 이에 현행 국가수준 교육과정 또한 놀이하면서 배우는 유아의 특성에 주목하고 있다. 놀이하는 아이의 특성은 예술을 경험하는 아이의 특성과 매우 유사하다. 놀이로 예술을 경험하는 아이는 즐겁게 자유롭게 주도적으로 배울 수 있다. 놀이하면서 잘 배우는 유아 그리고 예술을 경험하면서 잘 배우는 유아의 특성에 주목하여 유아예술교육의 방향을 배움과 관련하여 기술하면 다음과 같다. 교육부, 2019 개정 누리과정 놀이이해자료, 2019

놀이로 예술을 경험하면서 아이는 몸을 움직이고 감각을 사용한 것을 배운다

그림을 그리고 만들고 몸을 움직이고 음악을 듣고 즐기는 아이는 감각으로 세상과 만난다. 보고, 듣고, 냄새 맡고, 맛보고, 만지고 온 몸을 움직이면서 세상과 교류한다. 파란 하늘, 향기 나는 꽃, 달콤한 딸기, 시원한 바람, 말랑한 흙, 색색깔 구슬 등을 온 몸으로 온 감각으로 느낀다. 유아가 온 몸으로 세상을 감각하고 만나도록 유아예술교육은 열린 방식으로 이루어져 한다.

마음껏 움직이며 쌓고, 돌리고, 부수고 덧붙이며 무엇인가를 만들면서 아이는 주변의 물질의 속성을 이해하게 된다. 몸을 움직이면서 동네, 바다, 하늘 등 세상을 만나고 세상의 경이로움, 기쁨, 성취감, 실패와 좌절 등을 느끼게 된다. 아이는 재미있을 것 같아서 몸으로 부딪혀보고 뛰고, 구르고 달려간다. 물체가 어떻게 움직이는지 궁금해서 실제 만져보고 이렇게 세상과 만난다. 세상과 교류하는 아이는 이렇게 세상을 알게 된다. 따라서 유아예술교육은 아이가 가능한 많은 세계와 만나도록 다양한 경험이 되도록 한다.

놀이로 예술 경험하면서 아이는 하고 싶은 것을 선택하고
시도하는 것을 배운다

그림을 그리고 무엇인가를 만들고 몸을 움직이고 음악을 들으면서 아이는 하고 싶은 것을 스스로 선택하고 시도해볼 수 있다. 해보고 싶다는 마음, 할 수 있다는 마음은 미래 사회에서 매우 중요한 역량이기도 하다. 하고 싶은 것이 있을 때, 할 수 있다는 마음이 있을 때 포기하지 않는다. 아이는 예술이라는 실패가 없는 공간에서 마음껏 시도해볼 수 있다. 물론 마음대로 되지 않을 것이다. 이러한 실패와 좌절이 예술이라는 공간에서는 안전하다. 따라서 유아예술교육은 아이의 주도성, 적극성, 자유로움을 존중하고 실패가 인정되는 방향으로 이루어져야 한다.

 예술을 경험하는 아이는 하고 싶은 것을 하고 만지고 싶은 것을 만지고 움직이고 싶은 대로 움직일 수 있다. 하고 싶은 것을 하면서 아이는 스스로 결정하고 행동하는 자유로움 뿐만 아니라 주도성도 배운다. 누군가 시켜서 하는 것이 아니다. 스스로 하는 주도성은 미래 사회에서 매우 중요한 역량이다. 적극성과 주도성은 창의융합형 인재의 필수적인 조건이 된다. 아이가 스스로 무엇을 하고 알아가는 과정에서 배우는 자신에 대한 유능함이야 말로 자신을 긍정적으로 바라볼 수 있게 한다. 불확실성과 복잡성의 특성을 가진 미래 사회에서는 자신에 대한 유능성과 긍정성을 필요로 한다.

놀이로 예술을 하면서 아이는 상상하고
창의적으로 탐구하는 것을 배운다

예술을 경험하는 아이는 호기심이 많다. 눈과 귀가 세상에 대해 열려 있다. 예술을 경험하면서 아이는 세상의 자극을 즐기게 된다. 놀이로 예술을 경험하는 아이는 눈과 귀로 들어오는 모든 자극을 즐기며 왜 물이 얼음이 되는지, 어떻게 비가 되는지, 옥수수는 어떻게 자라는지, 그림자는 어떻게 생기는지 궁금해 한다. "이것은 무엇인지", "어떻게 움직이는지", "자동차를 어떻게 만들어야 하는지" 모든 궁금증에 스스로 답해 보는 것이 바로 상상이다. 상상은 유아가 호기심을 표현하는 방식이자 이를 해결하는 시도이다. 박스로 자동차를 만들고, 종이로 왕관을 만드는 모든 과정이 호기심이고 호기심에 대한 답이 상상이다. 유아예술교육은 상상을 격려하는 방식으로 이루어져야 한다. 아이의 궁금증에서 시작해야 하는 것이자, 아이의 궁금증에 귀기울여야 하는 것이다.

아이는 자신이 상상한 것은 탐구하는 방식으로 표현한다. 호기심이 많은 아이는 호기심을 갖는 것으로 끝나지 않는다. 아이의 호기심은 어떻게 될지, 어떻게 하면 될지에 대한 탐구이자 문제해결로 이어진다. 호기심이 많고 상상하는 아이는 이렇게 적극적으로 문제를 해결한다. 바로 창의적 탐구이다. 일상적인 삶과 자연 속에서 상상하고 탐구하는 아이는 그림으로 그려보기도 하고, 무엇인가를 만들기도 하며, 몸으로 상상과 탐구를 표현한다.

놀이로 예술을 경험하면서 아이는 재미와 기쁨을 느끼고 아름다움을 표현하는 것을 배운다

예술을 경험하는 아이는 자연, 문화, 사람, 우주에서 아름다움을 느낀다. 재미와 즐거움 그리고 안정감과 소속감에서 느끼는 안락함 등 다양한 감성을 느낀다. 미술, 움직임, 음악 등으로 표현되는 예술활동에서 아이는 아름다움과 감성을 느끼면서 자신만의 언어로 표현한다. 놀이로 예술을 경험하는 아이는 더 재미있게, 더 아름답게 표현하려고 노력한다. 더 멋지게 블록으로 무엇인가를 만들어보려고 하고, 더 이쁘게 색칠하려고 하며, 더 재미있게 이야기를 짓고, 더 풍부하게 몸으로 표현하려고 한다. 이렇게 예술을 경험하는 아이는 아름다움이라는 속성을 자연스럽게 경험할 수 있다. 그림, 노래, 만들기, 움직임, 이야기 등으로 아이는 풍요로운 감정을 표현하고 감정을 해소한다.

놀이로 예술을 하면서 아이는 주변과 관계 맺고 세상과 조화롭게 지낸다

놀이로 예술을 경험하는 아이는 주변을 둘러본다. 주변 친구, 선생님, 동생 등 사람들에게 관심을 갖고 소통한다. 다른 사람의 존재를 알고 다른 사람의 느낌, 감정, 생각을 생각한다. 예술을 하면서 아이는 내가 잘 할 수 있는 것과 할 수 없는 것 그리고 다른 사람이 잘 할 수 있는 것과 없는 것을 알게 된다. 함께 그림 그리고 만들고 춤추고 노래하고 이야기를 짓고 만들면서 다른 사람과 소통하고 다른 사람의 감정을 알게 된다. 이를 조절하면서 협력하고 배려하는 것을 배운다. 풀, 색연필, 블록, 종이 등을 나눠가지면서

그림을 보는 아이는 진지하다. 그림을 그린 작가는 무엇을 그렸을까? 멀리서도 지켜보고 가까이에서도 지켜본다. 알 것 같기도 하고 모를 것 같기도 하다. 선, 형, 색, 질감, 공간, 균형과 조화...미술의 요소와 원리를 자연스럽게 느낀다. 이렇게 아이는 세상과 만나면서 온 몸으로 감각한다. 세상과 관계 맺으면서 세상이 궁금해진다.

아이가 만나는 빛과 구슬 그리고 다양한 색, 이렇게 아이
는 아름다움을 느낀다. 안락함 속에서 아이는 다양한 감성
을 느낀다. 아이는 이 순간 즐겁게 상상한다. 이것은 무엇
으로 만들어졌을까? 이것은 무엇을 표현하는 것일까? 아
이는 궁금증으로 탐구할 것이다. 멋지고 아름다운 시공간
속에서 아이는 세상을 살아간다.

순서를 정하기도 하고 때로는 싸우고 해결하면서 세상과 조화롭게 살아가는 것을 배울 수 있다. 유아예술교육은 개별 활동 뿐 아니라 협력하는 활동도 격려하는 방향으로 가야 한다. 한 가지 활동을 혼자하는 것에서 더불어 같이 하는 것으로 확장할 수 있다. 재미난 예술 활동에는 저절로 아이들이 모여들게 되고, 함께 예술 활동을 하면서 아이는 세상과 살아가는 것을 배우게 된다.

유아예술교육의 방법

미술, 움직임, 음악 등과 관련된 예술은 심미감과 감성 뿐 아니라 세상을 살아가는데 필요한 소통, 사회에 대한 이해 그리고 인간에 대한 성찰 등을 포괄한다. 아이가 즐겁고 자유롭고 주도적일 때 창조가 가능하다. 아이가 가장 즐겁게 자유롭게 주도적으로 배울 수 있는 것이 바로 놀이이며 유아예술교육 방법 또한 놀이로 하는 예술에서 찾을 수 있다. 놀이로 예술을 경험하는 아이는 스스로 창조하고 배워간다.

예술교육은 통합적으로 : 즐겁게 자유롭게 놀이하기

미술, 움직임, 음악 등 예술활동은 즐겁고, 자유롭게, 주도적으로 할 수 있다. 미술, 움직임, 음악 등에 내용은 즐겁고 자유로운 놀이 속에서 이루어질 수 있다. 즐겁고 자유로운 놀이 속에는 미술, 움직임, 음악 등의 예술적 요소가 포함되어 있다. 아이는 즐겁게 놀이하면서 자연스럽게 자연, 일상, 예술 속에서 아름다움을 찾고 창의적으로 표현한다.

미술, 움직임, 음악 등 예술 활동의 요소와 원리를 가진다. 이러한 놀이 속에 통합적으로 얽혀있다. 따라서 각 요소와 원리는 즐겁고 자유롭고 주도적인 놀이를 하면서 통합적으로 경험할 수 있다. 현행 국가수준 교육과정인 2019 개정 누리과정에서는 미술, 움직임, 음악 등의 요소들이 예술경험

영역	내용
미술	탐색, 표현, 감상
음악	음악감상하기, 악기연주하기, 통합적으로 표현하기
움직임	비이동동작, 이동동작, 조작적동작 구조적표현, 반구조적 표현, 창의적 표현

⬇

2019 개정 누리과정 예술경험 영역	아름다움 찾아보기	자연과 생활에서 아름다움을 느끼고 즐긴다. 예술적 요소에 관심을 갖고 찾아본다.
	창의적으로 표현하기	노래를 즐겨 부른다. 신체, 사물, 악기로 간단한 소리와 리듬을 만들어 본다. 신체나 도구를 활용하여 움직임과 춤으로 자유롭게 표현한다. 다양한 미술재료와 도구로 자신의 생각과 느낌을 표현한다. 극놀이로 경험이나 이야기를 표현한다.
	예술 감상하기	다양한 예술을 감상하며 상상하기를 즐긴다. 서로 다른 예술 표현을 존중한다. 우리나라 전통 예술에 관심을 갖고 친숙해진다.

현행 국가수준 교육과정인 '2019 개정 누리과정 예술경험 영역'에서는 미술, 움직임, 음악의 요소들을 아름다움 찾아보기, 창의적으로 표현하기, 예술 감상하기와 같은 말로 예술경험 영역에 반영하고 있다.

영역에 반영되어 있다.

아이는 아름다움을 표현하는 풍부한 감수성이 있는 존재이다. 아이는 자연, 문화 그리고 예술에서 아름다움을 찾고 느끼고 다양하고 창의적인 방법으로 자신의 경험과 생각 그리고 느낌을 표현한다. 아이는 아름다움을 느끼고 즐기며 창의적으로 표현하는 과정을 통해 풍부한 예술적 감수성을 기를 수 있다. 상상력과 표현은 유아가 지닌 고유한 개성을 존중하는 것으로 지원할 수 있다.

예술교육은 민감하게: 귀 기울여 지켜보고 넉넉하게 기다리기

즐겁고 재미난 자유로운 놀이로 하는 예술은 넉넉한 시간과 공간 그리고 다양한 시도를 허락하는 분위기가 필요하다. 아이들이 즐겁고 자유롭게 놀이하는 것은 귀 기울여 지켜보고 넉넉하게 기다리며 적절하게 도움을 제공하는 성인의 민감한 지원이 있어서 가능한 것이다. 아래 놀이 사례는 성인의 민감한 지원이 놀이를 확장시키고 그 놀이 속은 미술, 움직임, 음악과 이야기 짓기 등의 다양한 예술경험이 통합적으로 녹아 있음을 알 수 있다. 아이들에게 귀 기울이고 민감하게 반응하기 위한 방법은 다음과 같다.

● 시간을 넉넉하게 가지고 가능한 개방적이고 넓은 공간을 제공한다. 개방되고 넓은 공간은 유아에게 자유로움과 해방감을 주면서 또한 다양한 놀이를 시도할 수 있도록 한다. 자연이 가장 좋은 놀이터이자 예술과 만나는 공간인 이유도 그러하다. 시간과 공간은 분리되지 않는다. 아이가 충분하게 놀이할 수 있는 시간과 공간을 넉넉히 제공하여 본다.

● 다양한 놀이가 가능한 열린 매체로 놀잇감을 구성한다. 비싼 놀잇감보다 다양한 방식으로 가지고 놀 수 있는 놀잇감을 아이들은 선호한다. 아이가 좋아하는 놀잇감을 찾아보고 왜 아이가 좋아하는지 그 이유를 생각해본다. 팽이, 구슬, 블록 등 오래도록 가지고 노는 놀잇감에는 이유가 있다. 그 이유를 생각하다보면 아이가 좋아하는 특성을 알게 된다.

● 자연과 일상에 주목하여 친숙하게 다가가본다. 새로운 것만이 좋은 것은 아니다. 친숙한 것에서 낯선 것을 발견할 수 있다. 늘 가던 동네 산책길에서도 아이는 새로운 것을 발견한다. 친숙한 것에서 낯선 것을 발견할 때 아이는 경이로움을 표현한다. 아이가 보여주는 눈빛, 표정 등에 주목해본다.

● 예술적 요소에 관심을 갖고 찾아본다. 색, 질감, 리듬, 속도, 빠르기 등 예술과 관련된 요소와 내용을 찾아본다. 그리고 다양한 재료와 도구 등을 제공하고 아이에게 자연스럽게 생각과 느낌을 표현하도록 한다.

● 민감하게 경청하고 상상과 은유를 활용해본다. 상상과 은유는 아이가 세상에 대한 아름다움을 꿈꾸게 하고 감성을 발달시키면서 또한 어휘력과 창의성을 신장시킨다. 상상과 은유는 또한 성인과의 관계도 부드럽게 해준다. 재미난 이야기로 가득찬 집과 교실은 예술로 가득차있다.

● 세상에 대한 이야기를 구성하고 표현하게 도와준다. 이야기는 마음속에 그릴 수 있는 세계에 대한 해석이자 창조이기도 하다. 이야기를 만들면서 아이는 세상을 알아갈 뿐만 아니라 있는 그대로의 세계를 받아들이는 것에 창조하는 세계로 나아갈 수 있다. 상상과 이야기가 넘나드는 속에서 아이는 이성과 감성을 조화롭게 발달시킨다.

다음은 유아에게 귀 기울이고 민감하게 반응하여 지원한 놀이와 통합된 예술 활동 예시이다. 이는 교육부(2020)의 놀이운영사례집 중 유아의 삶, 놀이로 물든다 중 멀리 떨어져 있어도 우리는 친구라는 놀이 사례이다.

● 방석을 깔아서 스키를 타다가, 다시 원목 자동차 스케이트로, 스카프 스케이트

방석스키

원목 자동차 스케이트

스카프, 양말 등 나만의 스케이트

방석 롤러스케이트

로, 양말 스케이트로 그리고 방석에 원목 자동차를 붙인 스케이트로 변해가는 과정에 아이는 상상하고 시도하면서 배운다. 어떻게 하면 즐겁게 재미있게 탈 수 있을까? 어떤 것으로 무엇을 만들어야 잘 굴러갈까? 궁금증으로 각자 답을 찾아가면서 아이는 몸을 움직이고, 다양한 색을 만나고, 다양한 물질과 물체를 만져본다. 과학적으로 사고하고 추론하면서 친구와 함께 더 좋은 방법을 찾는다. 그저 아이는 즐겁게 재미나게 자유롭게 놀았을 뿐이다. 그러나 이 놀이에는 미술, 움직임이 있다. 이렇게 놀이하면서 아이는 예술을 하고 있다. 놀이하는 아이는 예술가이다!

참고문헌

교육부, 보건복지부(2019). 2019 개정 누리과정 놀이 이해 자료. 세종: 교육부.
교육부, 보건복지부(2019). 2019 개정 누리과저 해설서. 세종: 교육부.
교육부(2020). 놀이운영사례집 중 유아의 삶, 놀이로 물들다. 세종: 교육부.
서유정(2019). 4차 산업혁명시대, 미래 인재에게 필요한 역량은? - EBS 미래 교육 플러스https://blog.naver.com/PostView.nhn?blogId=ebsstory&logNo=221595984274
이희수(2018).알.쓸.U.잡 / 제4차 산업혁명의 플랫폼으로서의 유네스코,
https://unesco.or.kr/data/unesco_news/view/741/504/page.

2

아이는 어떻게 예술과 함께 하고 있나요?

유아들의 잠재성을 안내하기 위한 연극을 하다

교육과 연극 드림아이

교육학박사로서 교육과 연극 드림아이 대표이자, 대학에서 유아교육 겸임교수로 후학을 양성하고 있다. 연극과 교육학의 두 영역을 유연하게 넘나들면서 어린이와 교사와 부모를 만나는 연구자이자 실천가이다. 그리고 유아교육현장과 대학에서 연극놀이(교육연극)가 예술교육의 또 다른 대안이 되길 소망하며 연구와 실천을 이어가고 있다. 특히 발현적 연극놀이는 현 교육적 패러다임과 맥을 같이 하며 예술교육의 진일보를 내딛었다고 평가받고 있다.

유아교육현장과의 첫 만남

유아교육기관에서 예술이란 무엇인가? 유아교육현장은 예술을 중요하게 생각하고, 이를 위해 많은 시간과 노력을 아끼지 않는다. 또한 학부모들도 유아교육기관에서 우리 아이들에게 예술적 역량을 위한 교육이 일어나길 기대한다. 이에 교육현장은 교육과정 내에서 유아와 예술이 만나는 장을 마련하기도 하고, 방과 후 활동이나 특강 활동을 통하여 유아들에게 예술을 경험하게 한다.

방과 후 활동 중 필자에게 잊혀지지 않은 2004년이 있다. 가을이었으나 더위의 기승을 여전히 느낄 수 있었던 어느 날 처음으로 유아교육기관을 방문한 사례가 떠오른다. 유아들이라곤 사촌동생을 돌봤던 것이 전부였던 나는 예술교육가로서 유아교육기관을 방문하여 다수의 유아들을 만난다는 생각에 매우 들떴고 다소 긴장까지 했다. 내가 유아교육기관을 방문한 이유는 기관장의 특별한 요구가 있었기 때문이다. 그것은 바로 그해 가을에 유치원 내에서는 부모님들을 모시는 행사가 계획되어 있었던 것이다. 유치원은 각반별로 동극과 댄스를 준비했다. 난 유아들에게 동극을 지도하기 위하여 유치원의 의뢰를 받았던 것이다.
내가 기대하고 예상했던 유치원은 매우 소란스럽고 자유분방한 유아들의 모습을 상상했다. 그런데 도착한 강당은 매우 조용하고 고요하기까지 하였다. 유아들은 일렬로 각을 잡고 앉아 있었고, 숨소리조차 들리지 않을 정도로 침묵이 흘렀다. 처음으로 유아교육기관을 방문한 나는 그 분위기와 광경이 굉장히 충격적이었고, 놀라움을 금치 못했다.
담임선생님은 나에 대한 소개를 유아들에게 짧게 마친 후, 지금까지 연습해 온 동극을 나에게 보여주기 위해 상기된 표정으로 유아들을 지도했다.

담임교사: 우리 엄마, 아빠, 할머니, 할아버지 앞에서 연극 공연하지요? 그럼 열심히 연습해야겠지요?

유아들: 네~~

담임교사: (입으로 숨을 들이마시며) 쓰읍~~ 지금 누가 떠들고 있지~ 똑바로 앉아서 선생님 봅니다. 선생님 이야기 잘 들어야지 나중에 또 딴소리 안하겠지~ 우리 친구들은 아직 글자를 모르니까 선생님이 너희들 대사를 다 녹음해왔어요. 선생님이 틀어주면 똑같이 따라 하면서 외워야 해요. 그리고 각자 역할마다 선생님 동작을 보고 따라서 해야 해요. 지금부터 잘하면 다섯 번 못하면 백 번 할 수도 있어요. 알겠죠~

<2004년 R유치원>

담임교사는 절제된 언행으로 25명 내외 되는 유아들을 통제하였는데 나 또한 담임교사의 카리스마에 압도당했다. 하지만 그 순간 뭔가 말로 설명할 수 없는 불편함이 내 안에 자리를 잡기 시작했다. 난 유아들의 살아있는 에너지를 느껴보고 싶었으나, 유아들은 마치 잘 작동하는 작은 로봇 같았다. 그 당시엔 이러한 교육환경에 대한 낯섦을 스스로를 이해시키며 그에 대한 불편함을 꾹꾹 눌러 담았던 기억이 난다.

또 하나의 지구인 유아

필자가 유아교육에 대한 학문의 깊이를 경험하고 난 후 유아교육 현장에 다시 방문하여 깊이 들여다본 적이 있다. 2019 개정 누리과정 이후 유아교육현장에서는 유아들의 자유놀이를 적극적으로 존중하며 이를 지원하고 있다. 하지만 교사의 성향과 역량에 따라 유아의 놀이가 풍성하게 발현되지 못하고 제지나 통제를 받은 경우도 있을 수 있다. 물론 성인이나 교사의 관점으로 볼 때 위험하거나 불필요해 보이는 놀이가 있을 수는 있으나, 이는 유아의 판단과는 다를 수 있음을 알아야 한다.

유아는 교실에서 블록과 원통 놀잇감을 가지고 전쟁놀이를 하고 있다. 유아와 교실의 놀잇감은 서로 얽혀 다양한 변형이 일어난다. 유아는 용맹스러운 장군으로 변형되고, 블록과 원통 놀잇감은 폭탄과 방패로, 교실은 긴장감이 흐르는 전쟁터로 모두 새롭게 창조되고 사건의 흐름은 지속되었다. 유아의 연극놀이는 사건의 긴장감 속에 극적 고조를 경험하고 있으나, 담임교사는 유아와 놀잇감 속에서 나타나는 상상의 극적 세계의 마주침을 진지하게 이해하거나 받아들이지 못하였다. 단지 놀이의 표면적인 면에 매몰되어 유아의 놀이를 위험한 놀이로 규정하였고, 좋은 놀이가 아니라며 중단할 것을 요구하였다. 그리고 흩어져 있던 놀잇감을 제자리에 정리하기를 권유하였다.

<2021년 6월 B유치원 참여관찰 자료 중>

유아들의 놀이는 극적인 순간이 고스란히 살아있는 연극놀이다. 위의 예시처럼 유아의 자발적이고 주체적인 연극놀이는 유아 자신들의 놀이욕구와 내적충동에 의해 활발한 참여가 일어나고 현실을 유보하며 내면적 통제가 나타나기도 한다 이숙재, 1992; 지혜련, 1992. 또한 비현실성과 긍정적 정서 등이 표현되며 신체적인 조절과 자기들 안에서 나름의 배려도 나타나는 것을 발견할 수 있다. 예를 들면 위의 사례 속 두 유아는 유치원의 교실을 혼잡한 전쟁터의 상상 공간으로 탈바꿈하였고, 두 유아의 몸짓과 행동에는 서로를 향한 애정과 프렌드쉽 Friendship 을 느낄 수 있었다. 가령 폭탄이 된 원통이 상대방을 향해 조준되지만 그들의 눈빛과 얼굴에는 미소를 늘 머금고 있었던 것이다. 그렇다고 하여도 유아들은 그 순간을 결코 장난스럽게 여기지 않고 나름대로 진지함과 엄격함으로 연극놀이를 이끌어 가고 있었다.

다시 말해서 유아들이 진지하게 경험하고 있는 전쟁놀이는 교사의 인식과는 달랐다. 전쟁놀이는 거칠고 폭력적이어서 다른 또래에게 피해를 줄 수 있는 가능성이 높은 놀이가 아니라, 극적 놀이의 긴장감을 살리며 사건을 창조해 내고, 이야기 story 를 만들어갈 수 있는 유아들의 발현적 연극놀이인 것이다.

유아와 깊이 마주하기

성인은 유아의 놀이에서 극적인 순간이 나타날 때 마냥 단순 놀이나 체험으로 보지 말아야 할 것이다. 유아는 자신만의 판타지적인 가상 세계 속에 몰입하여 그들만이 가진 특이성으로 즉흥과 변형을 즐기는 독특한 존재이다. 그렇기 때문에 유아교사나 부모는 유아의 존재를 존중하고, 인정하며 발현적 귀 기울이기●를 해야 한다. 유아교사나 부모는 발현적 귀 기울이기를 통해 유아의 예술놀이 상황에 민감하게 반응하고 이를 좀 더 확장시켜 줄 수 있는 방안에 대해 고민할 필요가 있다. 만약 성인이 유아의 놀이 맥락을 이해하지 못하고 일방적인 개입을 한다던지 놀이나 예술놀이를 학습의 목적과 수단으로 활용하고자 하는 욕심이 너무 과하게 들어간다면, 유아는 예술놀이를 통해 배움이 일어나기도 전에 그 자리를 떠날 것이다.

필자가 유아 교육기관에서 만난 사례를 살펴보자. 단순 그림놀이가 적절한 개입과 지원으로 유아들의 예술놀이로 확장되는 사례이다. 이안이는 유치원 오전 자유놀이 시간에 또래들과 함께 책상에 둘러앉아 캐릭터를 색칠하고 있었다. 유아들은 책상에 앉은 채 필자를 초대하며 함께 놀이할 것을 요구했다.

　이안: (공주 캐릭터를 색칠하며) 난 이번에 드레스를 샀어.

　필자: (공주 캐릭터를 색칠하며) 나도 파란 드레스를 샀는데 너무 마음에 들어.

● 발현적 귀 기울이기는 성인(교사나 부모)이 이미 알고 있는 '앎'에 끼워 맞추려는 태도가 아니며 귀 기울이기의 단순한 확장이 아니다. 발현적 귀 기울기는 판단과 편견에 대해 유보하며, 새로운 방식으로 삶의 관계가 열리는 과정을 만들기 위한 성찰의 시간이 포함된다. 이는 '새로운 이기(being)'의 사고방식을 열어주는 창조의 탈주선과 상승선을 의미할 수 있다(Davies, 2014/2017). 이는 매우 즉흥적이며 미지의 것을 향해 나아가는 주의와 노력의 운동이며 무한대로 열릴 수 있는 가능성을 만들기 위한 노력이다. 이를 통해 성인(교사나 부모)은 정해진 틀 속에 갇혀 있지 않고 열림의 자세로 모든 만남을 창조적인 리듬을 타며 지속적으로 나아가는 과정을 경험하게 된다. 발현적 귀 기울이기는 열림을 통해 유아와 성인이 서로 끊임없이 서로를 변형시키고 교차하며 다양체로 변화를 주어 이전과는 다른 방식의 예술놀이로 변화하게 된다.

이안: (빨간색을 색칠하며) 난 돋보이기 위해서 옷에 보석도 있어.

(중략)

필자: (머리카락을 색칠하며) 난 이번에 노란색 염색을 했는데 어때?

이안: (머리카락을 색칠하며) 난 미용실에 안가. 집에서 염색해. (잠시 후) 선생님 이거 잘라서 인형놀이 하고 싶어요.

(중략)

필자: (물질박스에서 고리형 자석을 가져와 책상위에 둔다)

이안: 우와 선생님 이거 뭐예요? (자석을 만지며) 엄청 세게 붙어요. 여기에 종이 인형 붙여볼래요

필자: 그러자~

이안: 그럼 얘들(종이인형)은 어디에 대고 하지?

필자: (두꺼운 책 표지를 펼치며) 여기를 무대로 할까?

이안: 엄청 세게 붙어요. 우와 신기하다~!! 빨간색 카페트에서 춤추는 공주예요~ 랄라랄라~~(자석 인형을 붙인 채 빙그르르 돌린다)

-김지윤(2023) 박사학위 논문 중 일부 발췌-

예술교육가와 함께 그림을 색칠하며 동시에 그림 속 인물의 캐릭터를 창조해 내는 상황

필자는 유아들과 함께 '어린이가 되어' 그림을 색칠하는 놀이에 동참했다. 필자는 유아들의 놀이 바깥에 머무는 존재가 아니라 유아와 함께 놀이하

는 존재로서 놀이의 흐름과 맥락을 함께 이해하고 유아와 함께 극적으로 표현하였다. 유아는 단순한 색칠 놀이에서 필자와 함께 캐릭터의 상황과 사건을 입혀 극적으로 전개되는 색칠놀이로 변형된 것이다. 유아는 이러한 상황에 감응●되어 책상 위에 누워진 종이 그림을 역동적으로 살아 움직이는 캐릭터로 변화시키고 싶었던 것이다. 이러한 유아의 발현에 필자도 함께 흥분하며 동요되었고 그 상황에서 가장 적절한 물질(고리형 자석)을 지원해 준 것이다. 또한 유아들은 자석 물질을 가지고 놀이하면서 충분히 탐색하였고 어느 순간 물질의 성질을 알아차릴 수 있었다. "선생님 이거 두 개(자석과 자석)가 서로 엄청 세게 붙어요~" "종이 위에 붙여볼래요"라고 말하며 물질에 대한 배움이 일어난 것이다.

흐물거리는 종이에 스카치테이프를 덧붙이며 단단한 물질로 새롭게 변형시키는 유아

또한 자석 위에 종이인형을 붙이니 흐물거리며 단단하게 고정되지 않자 종이인형 위에 스카치테이프를 다시 덧붙이며 종이의 물질과 자석을 더욱 견고하게 만들었다.

그리고 필자가 즉흥적으로 지원한 인형극 무대(동화책 표지) 위에서 자석

●감응은 감지(感知)된 촉발에 반응하여 발생하는 정서적 반응 들의 집합이다. 이는 단순한 감정이나 정서의 느낌을 넘어서 신체의 이행까지 동반하는 것을 말한다(이진경, 2020). 즉 감응이란 타자(세계)와 나의 만남에 의해 자신의 신체에 발생하는 흔적이며, 그 흔적은 신체에 느낌으로 감응이 촉발되어 또 다른 행위로 이행되거나 또는 그 흔적이 신체에 머무르며 영향을 주기도 한다(박수연, 2022).

을 서로 붙여보며 탄성이 나온다. "우와~ 책을 뚫고 붙어요." "빨리 인형극 하자"라며 유아들의 움직임은 매우 흥분되어 있었고, 그 어느 순간보다 주도적이고 능동적이었다.

종이 인형, 자석, 책 표지가 서로 만나
새로운 배움이 발현되는 유아들

인형극을 진지하게 마주하는 유아

인형극을 하던 유아들은 새로운 이야기와 인물의 관계를 만들어내었고, 그 상황 속에서 다양한 사건이 창조되어 극의 긴장감을 더했다. 더불어 인형극은 자연스럽게 또래들을 관객으로 참여시켰고, 참여한 관람객은 인형극을 진지한 자세로 참관하기도 하고 직접 인물로 참여하여 종이인형을 조작하기도 했다.

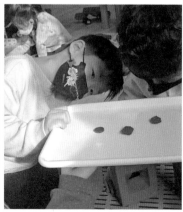

새로운 이야기로 창조하는 유아

자석을 이용하여 새로운 놀이를 발견하는 유아

즉 유아들의 색칠놀이는 유아의 즉흥적인 발현으로 인해 예상하지 못한 상황으로 흘러갔다. 더불어 예술교육가의 참여와 지원으로 유아들의 색칠놀이는 좀 더 풍성한 인형극으로 확장될 수 있었다. 이러한 놀이를 계기로 유아교육현장에서는 유아들의 인형극뿐만 아니라 자석과 책표지를 이용한 다양한 활동의 놀이로 전개되었고, 또 새로운 이야기와 상황으로 놀이가 이어졌다.

주도적인 놀이 속에서 움트는 발현

크리스마스를 앞두고 유아교육현장은 분주하다. 유치원은 유아들의 작품과 알록달록 크리스마스 장식으로 교실 안과 밖을 꾸며져 있다. 유치원과 유아들은 크리스마스를 맞이할 준비가 한참이다. 그러던 어느 날 여러 가지 종류의 스카프를 가지고 놀이를 하던 중 우연히 던진 스카프가 지현이의 온 몸을 덮기 시작했다. 그것을 본 유아들은 스카프를 던지며 놀이하던 중 "우리 좀비 놀이 할래?"라며 한 유아가 제안하였고, 한참 좀비 놀이를 진행하던 유아들은 "선생님 우리 무서운 공연 하고 싶어요"라고 필자에게 제안하였다.

유아들은 자신들이 무엇을 하고 싶은지 정확히 알고 있었고, 좀비 공연을 위한 그들만의 프로젝트가 시작되었다. 우선 유아들은 각자 자신이 관심 있는 파트와 역할로 나뉘어 유아교실을 구성하였다. 놀이는 즉각적이고 즉흥적으로 이루어졌다. 당시 코로나19의 상황으로 유아들은 공연장 내의 체온측정을 위한 시스템과 입장권을 배부하고 발권하는 역할과 상황을 설정하였다. 또한 무대를 구성하는 팀도 자발적으로 결성이 되어 무대환경을 꾸미기 시작하였다

그런데 무대를 꾸미던 중 수영이는 우연히 환경판에 붙어있던 'MERRY CHRISTMAS'의 문자를 발견한다. 잠시 고민을 하던 수영이는 검정 신문지를 가져와 'MERRY CHRISTMAS'의 글자를 가리기 시작한다.

공연장의 발권과 안내방송을 담당하는 역할

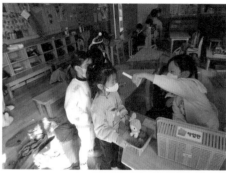

코로나19 상황으로 입장 전
발열 체크를 하는 역할

공연을 위한 배우 역할

공포스러운 무대를 연출하는 역할

좀비 공연을 위한 무대 환경   신문지로 'MERRY CHRISTMAS' 글자를 가리는 유아

수영이는 좀비 공연을 위한 무대 환경을 구성하다 'MERRY CHRISTMAS' 의 이미지가 지금 연극의 분위기와는 어울리지 않다는 것을 알아차린 것이다. 그래서 수영이는 연극과 어울리지 않는 배경의 분위기를 해결하기 위한 방안으로 검은 신문지를 가져와 글자를 가렸던 것이다. 반면 자신들의 작품을 가린다며 불평을 토로한 또래에게 "크리스마스는 신나고 즐겁고 그런 것인데, 우리 공연은 그렇지 않잖아"라며 수영이가 지각한 사유를 자신만의 방식으로 설득한다. 결국 불평을 토로했던 또래는 "아~~ 맞네"라며 마치 새로운 깨달음을 얻은 자처럼 한참을 바라보다 그곳을 떠난다.

유아와 예술교육가의 수평적 협력

한편 공연준비를 지켜보던 유아들도 함께 공연에 참여하길 원했다. 유아들은 자신의 욕망에 따라 공연의 컨셉을 정한다. '무서운 공연', '재밌는 공연', '귀여운 공연' 필자와 담임·부담임 교사는 유아가 기획한 공연에 각각 투입되어 유아들의 발현을 돕는다.
필자는 '재미있는 공연'에 참여하여 유아들이 거침없이 마주하는 물질(장난감, 천)과 두서없이 쏟아내는 이야기들을 조용히 들었다. 유아들의 대화 내용은 다음과 같이 전개되었다

서준: 얘들아 이 치킨(역할영역의 소품)에 다리를 붙이면 어때? 웃기지~ (웃음)

희원: 야 이것봐봐~ 서준이가 치킨에 다리를 붙였어. (웃음)

지원: 이것 보니까 치킨 먹고 싶다~~

수영: 엄마가 치킨 못 먹게 해요. 치킨 밤에 먹으면 살찐다고~

윤아: 맞아 우리 엄마도 살찐다고 못 먹게 해. 아~~ 밤에 실컷 먹고 싶다.

-김지윤(2023) 박사학위 논문 중 일부 발췌-

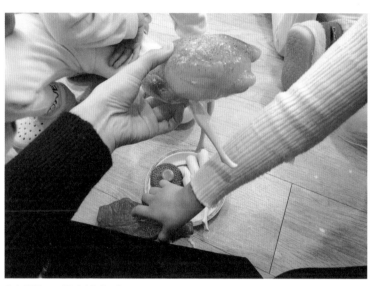

유아의 직관으로 만들어진 극의 소재

필자는 유아들의 대화 맥락 속에서 재미있는 공연을 위한 소재의 수렴을 돕는다. 그것은 바로 '치킨'이다. 필자와 유아들은 재미있는 공연의 내용을 '치킨'으로 합의하였고 필자는 유아들이 언급했던 이야기들을 극의 이야기로 만들기로 했다.

예술교육가: 그럼 재미있는 공연 내용을 치킨으로 할까?

유아들: 네~~!! 좋아요

예술교육가: 그럼 우리 수영이랑 윤아가 말한 내용으로 연극공연하고 이게 다 꿈

꿈속에서 다리 달린 치킨을 잡으러 가는 장면　　　'재미있는 공연' 커튼콜 장면

이라고 하면 어떨까?

수영: 그럼 꿈에서 다리 달린 치킨을 잡아먹으러 다니고 하면 되겠다.

예술교육가: 그래~ 수영아 좋은 의견이다. 그럼 꿈을 꾸다가 엄마가 깨워서 일어나는 거야.

-김지윤(2023) 박사학위 논문 중 일부 발췌-

유아들은 주도적이고 주체적으로 공연을 만드는 과정이 너무 신났다. 그래서 유아들은 상급반 친구들을 초대하여 공연을 보여주고 싶다고 했다. 이제 유아들은 공연을 더 이상 어려워하지도 두려워하지도 않는다. 즉 유아들의 삶은 예술과 놀이가 함께 얽히고 어우러져서 그들만의 문화로 다시 재탄생된 것이다.

유아들의 욕망과 교사들의 협력으로 단 이틀 만에 또 하나의 공연을 만든다. 이번 공연은 교실에 비치된 동화책을 소재로 재구성했다. 이 동화책은 이미 유아들이 여러 번 듣고 읽었던 내용으로써 모두가 즐겨보던 익숙한 동화책이었다. 유아, 교사, 예술교육가는 함께 동화의 내용을 4장면으로 재구성하며 각자 원하는 역할과 장면을 선택하게 했다. 그리고 유아들은 정지 동작으로 장면을 구성하고 역할을 이해했다. 유아들은 역할과 상황들을 모두 발현적으로 창조했다.

예를 들면 "나는 땅에 떨어진 걸 먹는 고양이 할 거야 그래서 이렇게 엎드

려서 있다가 음식이 떨어지면 확~ 나올꺼야" "여기는 숲이니까 나는 바람 할꺼야! 선생님 저 천(스카프) 써도 돼요?" "나는 나무 밑에 있는 개미(몸을 최대한 작게 웅크리며 천천히 기어간다)" "나는 베티가 유치원 안가고 놀 잖아요. 땅에 있는 물을 발로 밟고 차고 하면서.. 난 물(물웅덩이)이요" "나 는 할머니 의자할래요" 등 각 동화의 장면에서 깊고 강하게 감응 받았던 순간을 떠올리며 유아들은 새로운 역할을 창조해 내었다.

즉 유아들은 쏟아진 스프, 빗자루, 물웅덩이, 의자, 그릇, 바람 등 다양한 역 할을 창조해 냈다. 그리고 생물과 무생물을 몸으로 움직이며 행위 하는 유 아의 모습은 전혀 어색하지 않았고 서로 어우러지면서 원작과는 또 다른 새로움으로 만들어내었다. 또한 이러한 행위들이 자신의 개별적인 표현으 로만 머무르는 것이 아니고 주변의 다양한 환경과 어우러지며 복잡한 관 계를 맺으며 발현되고 있었다.

유아들은 자신들의 경험과 예술적 상상력, 창의성, 공감, 성찰, 소통, 협업

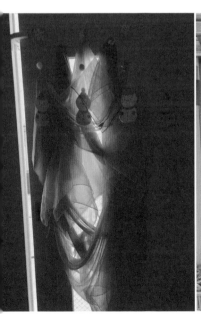

공연장으로 변화된 유아 교실

상급반 초대 공연

자신의 역할에 몰입하며 행위하는 유아

을 통해 새로운 이야기로 만들어지는 문화예술교육을 깊게 경험했다. 유아 문화예술교육은 유아들의 잠재력과 가능성을 기반으로 변화되고 있음을 알 수 있다. 이 바탕에는 예술교육가가 있고, 교사의 지원과 협업이 있기에 가능했다. 이러한 작업은 익숙하지 않고 낯설기는 하지만 우리로 하여금 새로운 상상을 하고 유아 문화예술교육을 다음 단계로 발전하게 하는 동력이 될 것이다. 즉 유아 문화예술교육은 실험적이고 도전적인 만남이고 운동이라 할 수 있다. 이러한 운동은 행위 하는 유아뿐만 아니라 모두가 주체가 되어 감격으로 일렁이는 감동이 있다. 이러한 감동은 상급반 유아들에게 고스란히 전달되었고, 상급반 유아들은 그들의 손으로 직접 만든 꽃다발을 동생들에게 전해주었다.

발현적 연극놀이는 유아가 어떤 사건을 창조해 내고 만들어가는 과정 속에서 배움이 일어나는 가치를 가지고 있다. 유아는 발현적 연극놀이에서 몰입을 통한 발상의 전환을 보여주었다. 또한 다양한 자기표현과 더불어 타인과의 차이를 수용하며 함께 공동으로 연극을 만들어가는 작업을 배웠다. 이러한 과정은 거미줄처럼 얽힌 관계망 속에서 다양한 의미가 함축되었고 유아와 필자는 우리가 만든 극적 세계를 확장하고 더욱 정교하게 다듬어 나가는 과정을 경험했다. 한편 발현적 연극놀이는 미완성된 연극처럼 보일 수는 있으나 연극의 일부 요소들이 재구성되고 재창조될 수 있는 여지가 남겨진, 숨을 쉴 공간이 있는 극적 과정이다. 발현적 연극놀이는 유아의 자발성과 잠재성이 극의 형식을 만나면서 새롭게 무언가를 생성해 낼 수 있도록 돕고, 유아들만의 특별한 능력을 볼 수 있게 만든다. 유아는 이를 통해 얻은 지식과 정보 그리고 몸으로 체득된 배움으로 세계에 대한 폭넓은 이해를 새롭게 가지게 된다.

이처럼 발현적 연극놀이에서 예술교육가의 역할은 발현적 귀 기울이기를 실천하는 것이다. 귀를 기울인다는 것은 예술교육가가 이미 알고 있는 '앎'에 끼워 맞추려는 태도가 아니며 귀 기울이기의 단순한 확장이 아니다. 발현적 귀 기울기는 판단과 편견에 대해 유보하며, 새로운 방식으로 삶의 관계가 열리는 과정을 만들기 위한 성찰의 시간이 포함된다. 이는 '새로운 이기(being)'의 사고방식을 열어주는 창조의 탈주선과 상승선을 의미할 수 있다(Davies, 2014/2017). 이는 매우 즉흥적이며 미지의 것을 향해 나아가는 주의와 노력의 운동이며 무한대로 열릴 수 있는 가능성을 만들기 위한 예술교육가의 노력이다. 이를 통해 예술교육가는 정해진 틀 속에 갇혀 있지 않고 열림의 자세로 모든 만남을 창조적인 리듬을 타며 지속적으로 나아가는 과정을 경험하게 된다. 발현적 귀 기울이기는 열림을 통해 유아와 예술교육가가 서로 끊임없이 서로를 변형시키고 교차하며 다양체로 변화를 주어 이전과는 다른 방식의 예술교육, 그리고 예술교육가로 변화하게 되는 것이다.

공연에 대한 감동을 꽃다발로 전달하는 상급반　　　　배우와 관객과의 대화

"'예술이란 단어가 탄생되었을 때, 그것은 모든 것을 모으다'란 의미의 동사였다. 즉 예술은 생산물이 아니라 과정이었다"

-에릭 부스-

에릭 부스의 말을 전하며 필자는 글을 마무리하려고 한다. 예술교육가는 유아들과 함께 예술의 과정을 함께 탐구하고 즐기며 동행하는 친구가 되기를 소망한다. 더불어 유아교육기관은 예술교육가와 함께 의미 있는 깊은 협업이 일어나길 기대한다. 이러한 시대적 흐름에 발맞추어 가정에서도 유아들이 부모와 함께 즐거운 발현적 예술놀이를 지속하기를 바란다. 끝으로 여전히 교육현장에서 가정에서 묵묵히 아이와 함께 예술로 놀이하는 모든 이에게 아낌없는 응원과 박수를 보낸다.

참고문헌

김지윤 (2023). 포스트휴먼 존재로서 어린이의 발현적 연극놀이와 예술교육가의 역할 탐색. 부산대학교 대학원 박사학위 논문.
이숙재 (1992). 아동의 관점에서 본 놀이개념. 성신여자대학교 교육문제 연구소, 교육연구, 27, 31-41.
지혜련 (1992). 아동놀이 이론의 통합을 위한 개념적 접근. 연세대학교 생활과학연구소, 6, 23-45.
Davies, B. (2017). 어린이에게 귀 기울이기-이기와 되기. [Listening to children: Being and becoming]. (변윤희, 유혜령, 윤은주, 이경화, 이연선, 임부연 공역). 서울: 창지사. (원저출판 2014년)

우리는
유아와
어떻게
놀아야 하는가

최남정
전. 코레일부산어린이집 원장, 현. 이정 ACS교육연구소 소장

유치원 및 어린이집 교사와 어린이집 원장을 역임했고, 현재 어린이심미교육연구회 이사 및 이정ACS교육연구소 소장으로서 문화예술교육프로그램 연구와 예비유아교사와 현직교사를 대상으로 유아문화예술교육에 대한 강의를 하고 있다.

유아예술교육에 대한 생각

유아들은 매 순간 자신들이 보고, 듣고, 느낀 것을 여러 가지 방식으로 표현하는 것을 즐기고, 자신들이 만든 창작물을 타인과 공유하기를 희망한다. 예술가들이 자신이 만난 세계를 다양한 방식으로 표현한 것을 예술이라고 한다면, 유아들이야 말로 훌륭한 예술가임이 틀림없다. 이는 위대한 예술가 피카소가 어린 아이들이야 말로 예술가이며, 유아기의 예술적 소양을 성인이 되어서도 잃어버리지 않는 것이 중요하다고 한 것에서도 알 수 있다.

인간의 삶에서 예술의 중요성이 강조되면서 전 국민의 문화예술적 소양 함양을 강조하는 문화예술교육의 중요성에 대한 인식이 높아지고 있고, 범국가적 차원에서 생애주기별 문화예술교육, 지역문화예술교육, 학교문화예술교육 등 다양한 문화예술교육이 시행되고 있다. 이러한 현상은 유아교육에도 영향을 미쳐 유아교육기관에서는 여러 가지 형태의 예술교육이 실천된다. 유아들의 흥미에 따른 놀이중심 교육과정을 운영하는 유아교육에서는 예술교육 또한 음악, 미술, 동작 등의 전공이나 교과로 구분하지 않고 유아들의 일상적 삶 속에서 놀이처럼 이루어질 것을 강조한다.

그러나 많은 유아교사들은 유아예술교육이 미술학원, 피아노학원, 태권도학원 등에서 이루어지는 기능이나 기예 중심으로 이루어지는 것을 지양하면서도 놀이와 같은 예술교육의 실천은 어려워한다. 즐거움과 배움이 넘치는 놀이는 어려워하지 않는 유아교사들이 예술을 어려워하는 이유는 무엇인가? 여러 가지 이유가 있겠지만, 예술에 대한 유아교사들의 편견과 선입견이 유아교육현장에서의 의미 있는 예술교육 실천을 어렵게 하는 가장 큰 이유이지 않은가?

스스로 예술의 문외한 인간임을 자처하는 필자도 많은 유아교사들처럼 유아예술교육은 아주 초보적인 수준의 예술 경험이면 충분하다고 생각하고, 예술 그 자체의 환희와 즐거움을 알지 못했다. 필자의 삶에서 예술의 비중은 크지 않았고, 일정한 거리가 있었다.

그러던 어느 날, 필자가 교사교육자로서 예비유아교사들에게 예술교육을 가르쳐야 하는 상황에 직면하게 되었다. 예술과 무관한 삶을 살아오던 필자로서는 난감한 일이었다. 예술을 모르는 내가 어떻게 예술교육을 가르칠까를 고민하면서 나 자신에게 예술은 어떤 의미인가? 그리고 유아예술교육의 목적과 가치는 무엇이며, 유아예술교육을 실천해야 할 예비유아교사들로 하여금 예술을 어떻게 경험하게 하는 것이 좋을까를 깊이 고민하였다. 유아교육에서 예술전문가가 아닌 유아교사들이 예술교육을 한다는 것은 유아예술교육의 수준이나 목적이 전문예술가를 위한 예술교육과 다른 차원의 예술교육이어야 한다는 점을 알았다.

그렇다면, 유아예술교육의 목적은 무엇이며, 방법은 어떠해야 하는가? 나름대로 내린 결론은 '이미 알고 있는 익숙한 방식으로, 때로는 한 번도 경험해 보지 못한 새로운 방식으로 예술 그 자체를 즐겨보는 것' 이었다. 생각이 여기에 이르자 예술을 대하는 필자의 마음 또한 편안해졌다. 예비유아교사들에게도 음악, 미술, 동작 등 예술을 잘 하는 것과 예술을 즐기는

것은 다른 것이며, 유아들 또한 노래를 잘 부르고, 악기를 잘 다루고, 그림을 잘 그리고, 춤을 잘 추기 위한 기능이나 기예 중심의 예술교육, 음악, 미술, 동작에 대한 이론과 지식 습득을 위한 예술교육이 아니라 예술을 놀이처럼 행하며 예술을 즐길 수 있어야 한다는 점을 안내하면서, 유아교육현장에서도 유아들과 함께 '예술을 놀이처럼 즐기기'를 실천하기 위해 노력하였다.

그러나 여전히 예술과 예술교육을 생각하면 무엇인가 부족한 점이 있다. 이렇게 유아교사로서, 유아교사교육자로서 예술놀이에 대해 생각하던 중 예술교육가를 만나게 되었다. 예술을 전공한 예술교육가들과의 만남은 예술과 예술교육에 대한 생각을 한층 더 발전시키는 계기가 되었다.

유아교사-예술교육가 심연의 강을 건너다

마주보기

유아교사인 필자가 생각하는 예술교육가(예술가)의 이미지는 필자의 어린 시절 음악학원, 미술학원, 태권도 학원 선생님, 중고등학교의 음악, 미술, 무용, 체육 선생님, 성인이 되어 만난 직업 예술인들이었다. 필자가 만난 예술교육가 또는 예술가들로부터 알게 된 예술은 어렵고, 지루하고, 고된 것인 한편, 범인인 필자로서는 흉내도 내지 못할 기예와 기능을 가져야 가능한 것들이었다. 그리고 그들은 필자와 다른 세상에 사는 사람들이었다. 예술교육가(예술가)에 대한 다소 편협한 생각을 가지고 있던 필자가 예술교육가(예술가)와 진지한 이야기를 나누게 되었을 때 지금까지 보고 들을 수 없었던 새로운 세상을 만날 수 있게 된다는 기대로 설레기도 하였다. 그러나 막상 예술교육가와 예술, 특히 유아예술교육에 대한 이야기를 나누면서 유아교사와 예술교육가 사이의 깊고 넓은 심연의 강을 마주하게 되었다. 유아교사는 예술과 놀이 중 놀이에 방점을 찍으면서 예술놀이 결과물의 완성도 보다는 예술놀이 과정 그 자체의 즐거움을 강조한다. 반면, 예술교육가는 예술에 방점을 찍으면서 예술 재료의 특성과 기법, 예술놀이 결과물의 완성도를 고려하였다. 즉, 유아교사의 예술교육이 놀이를 위한 예술인 반면 예술교육가의 예술교육은 예술을 위한 놀이였다. 유아들에 대한 생각이나 예술교육의 방법도 달랐다. 유아교사들은 악기를 다루는 법, 물감이나 붓 사용하는 법 등 예술놀이에 필요한 가장 기본적인 방법만 안내하고, 유아들이 예술놀이 과정을 즐기면서 그들 나름대로 고안한 독특하고 창의적인 놀이방법을 인정해 주었다. 예술교육가들은 유아들의 창의성을 부정하지는 않았지만 가능한 교과서에 안내된 매뉴얼대로 예술을 경험하기를 장려하였고, 예술놀이의 과정 뿐 아니라 결과물 완성에도 큰 의미를 부여하였다. 유아교사와 예술교육가 두 집단은 예술과 예술교육에 대한 다른 생각을 인정하기는 하나 각자의 방식에서 쉽게 벗어나지 못했다. 그러나 다행인 것은 유아교사와 예술교육가 모두 유아예술교육이 기능이나 기예 중심의 교육이 되는 것을 염려하면서, 유아예술교육은 예술을 통한 감성함양과 미적인간 Schiler 의 완성을 추구해야 하며, 예술가의 예술작업 등과 같은 특별한 상황에서가 아닌 일상적 삶 속에 존재하는 경험으로서의 예술 Dewey, 1934 이 되어야 한다는 점에 동의한다는 것이다.

나누고 보태기

예술의 뜰에서 유아예술교육을 풀어내는 예술교육가들이 유아교사들에게 많이 하는 질문 중 하나가 "아무것도 안 하고 이렇게 놀기만 해도 돼요?"였다. 이 때 '아무것도 안 하는'것이 문자 그대로 어떠한 행위도 하지 않는다는 것을 의미하는 것이 아니라 예술교육 결과물로서 예술작품 제작을 위한 활동보다는 예술을 경험하고 즐기는 그 과정 그 자체에 집중하는 것에 의문을 제기한 것이다. 유아의 흥미중심, 놀이중심을 강조하는 유아교육에서는 모든 교육의 결과보다는 과정에 의미를 둔다. 따라서 예술교육가에게 유아예술교육에서 결과물 제작을 중요시 여기지 않은 것은 아니나 결과물 제작에 집중하느라 예술놀이의 과정에서 발생하는 의미 있는 경험과 배움의 기회를 상실하지 않도록 하는 것, 다소 결과물이 만족스럽지 못하거나 완성된 결과물이 없더라도 과정을 즐기는 동안 배움이 발생했다면 그 자체가 의미있는 예술교육이 될 수 있음을 안내했다. 또한, 유아들과의 의사소통을 어려워하는 예술교육가들에게 유아들의 발달적 특성과 유아 수준에 적합한 언어적, 비언어적 상호작용법을 알려주는 등 유아를 이해할 수 있도록 도왔다.

한편, 교육의 장에서 예술을 실천하던 유아교사들은 예술교육가들이 사용하는 재료, 몸짓 하나 하나를 보며 "이런 것도 있어요?", "어떻게 그게 가능해요?", "그렇게 하는 거였어요?"라는 질문과 감탄을 한다. 정보력이 좋은 유아교사라 하더라도 찾을 수 있는 예술재료에는 한계가 있고, 찾은 재료의 사용방법에 대한 지식은 예술교육가의 정보와 지식에 비할 바가 못 된다. 유아교사들은 예술교육가로부터 이미 알고 있는 재료의 다양한 사용법이나 유아들에게 적합한 새로운 재료를 소개받았고, 전문가용 재료들 또한 유아예술교육에서 충분히 활용할 수 있음을 알게 되었다. 때로는 예술교육가로부터 예술활동을 전수받음으로써 유아교사 스스로 예술에서 무엇을 어떻게 느낄 수 있는지 직접 체험하기도 했다.

유아교사와 예술교육가가 각 분야의 전공자로서 서로의 생각의 차이를 이해하고, 각자의 전문적 지식을 공유하는 동안 교사와 예술가의 경계는 허물어지고 유아교사는 예술교육가가 되고, 예술교육가는 유아교사가 되어 두 집단 사이의 심연의 강을 건넜다.

유아교사의 예술교육 실천하기

예술전문가가 아닌 유아교사가 예술작업실이 아닌 유아교실에서 양질의 예술놀이를 실행하려면 어떻게 해야 하는가? 예술교육가들로부터 얻은 교훈 중 하나는 마르셀 뒤샹이 상점에 판매하는 남성용 변기를 미술관에 전시하면서 미술사의 흐름을 바꾸었듯이 예술재료에 대한 선입견과 고

정관념을 버리고 일상적으로 사용하는 재료의 종류와 크기에 변화를 주는 것만으로도 예술놀이의 즐거움은 배가 될 수 있다는 것이다.

재료 다시 보기

그리기 재료가 된 매니큐어

A유치원 만 5세 사랑반 유아들이 옛날 물건들을 알아보던 중 옛날 사람들이 신던 신발에 관심을 가지게 되었다. 김교사는 유아들에게 옛날 신발 꾸미기 미술놀이를 계획하면서, 주재료로 고무신을 선정한 후 고무신을 꾸미기 위한 재료로 유성매직, 한지, 풀 등을 준비하였다. 유성매직으로 고무신에 그림을 그리고 색칠을 했으나, 어딘지 모르게 탁한 색이 만족스럽지 못했다. 김교사는 유아들이 좋아할 반짝거리는 느낌의 그리기 도구를 찾던 중 매니큐어가 생각났고, 유성매직과 함께 매니큐어를 고무신꾸미기 재료에 추가해 주었다.

일상적이지만 특별한 그리기 재료 '매니큐어'.

매니큐어로 손발톱을 색칠하고 그림을 그린다는 생각, 그리고, 그렇게 그린 손발톱의 그림이 쉽게 지워지지 않는다는 생각. 손톱과 발톱에 그림을 그릴 수 있다면, 고무신에도 그림을 그림그리기가 가능하지 않을까라는 생각의 전환은 밋밋한 고무신을 반짝이는 예쁜 그림이 가득한 특별한 고무신으로 만드는 미술놀이를 가능하게 하였다.

아크릴 물감과 다양한 도구들

유아교육기관에서도 물감놀이를 한다. 최근 물감놀이에 대한 열린사고로 물감놀이를 위한 다양한 재료를 활용하고자 한다. 그러나 여전히 대다수 유아교육기관에서의 물감놀이 재료는 튜브형 수채화 물감 12색과 붓, 물통 등으로 다소 제한적이다. C어린이집의 물감놀이 재료는 특별했다. 물감의 종류는 수채화 물감 외에 아크릴, 유화 등 다양하였고, 물감의 크기는 전문가들이 사용하는 500ml 튜브 물감이었다. 반면, 물감의 색은 빨강, 파랑, 노랑, 흰색만 제공해주었다. 게다가 붓 대신 다양한 모양과 크기의 그릇과 스프레이물통, 큰 박스와 캔버스, 철제로 된 망 등을 제공하였다. C어린이집 물감놀이 재료가 특별한 이유는 색과 그리기에 대한 생각의 전환에서 비롯되었다. 유아들에게 이미 제작된 12색의 물감을 제공할 경우 유아들은 새로운 색을 만들기 보다는 주어진 12색으로만 물감놀이를 한다.

그러나 색의 삼원색만 제공할 경우 유아들은 자신들이 원하는 색을 만들기 위해 색을 혼합하게 되고 그 과정에서 자연스러운 배움이 발생할 수 있음을 기대할 수 있다. 또한 물감을 칠하는 붓이 없을 경우 잭슨 폴록의 액션 페인팅처럼 전통적인 페인팅 기법을 벗어난 창의적인 물감 놀이가 가능할 수 있다.

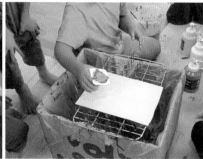

악기가 된 종이

예술 장르 중 음악놀이를 위해서는 여러 가지 악기, 악보 등이 먼저 생각난다. 그러나 음악이 노래 부르기나 악기 다루기라는 1차원적인 생각에서 '아름다운 소리'로 넓힌다면 소리를 내는 또는 소리를 만들 수 있는 다양한 물건들이 음악의 재료가 될 수 있다.

유아교육기관에서 쉽게 구할 수 있고, 유아들에게 익숙한 재료인 종이는 그리기 재료나 꾸미기 재료로 사용하는 것이 일반적이다. 그러나 다양한 재질과 두께의 종이가 주는 질감의 차이와 구겨지고, 찢기고, 튕길 때 나는 종이 소리에 주의를 기울여보면, 종이 또한 훌륭한 악기 역할을 할 수 있음을 알게 된다. 얇은 습자지를 구길 때, 트레싱지를 찢을 때, 주름지를 당길 때, 골판지를 긁을 때, 마분지나 켄트지를 튕길 때 나는 소리를 악기 소리와 비교해 보고, 종이가 내는 소리를 녹음해서 들어보고, 노래에 맞춰 종이 소리를 내어보는 등 종이악기는 즐거운 음악놀이의 재료가 될 수 있다.

방법 다시 보기

재료에 대한 생각의 전환은 재료의 특성과 물질성을 다시 보게 되는 계기가 되고, 재료의 물질성은 놀이방법에도 영향을 미친다.

붓고, 흘리고, 떨어뜨리고, 만지고, 찍는 물감놀이

C어린이집의 물감놀이 재료에는 붓이 없다. 붓 대신 여러 가지 크기와 모양의 그릇과 철망과 큰 상자가 물감과 함께 제공되었다. 따라서 C어린이집의 물감놀이는 붓에 물감을 묻혀 도화지에 그리는 전통적인 방법이 아닌 재료의 특성을 고려한 새로운 방법이 필요하였다. 물감놀이 재료를 탐색한 유아들은 물감을 붓고, 흘리고, 떨어트리고, 손과 발로 만지고 칠하는 등 그들만의 방법

으로 물감놀이를 즐기고 있었다.

한편, 예술놀이 과정 중에 발생한 문제를 해결하기 위하여 기발하고 새로운 방법을 찾기도 하였다. 큰 붓과 먹물그릇으로 먹물놀이를 하던 유아들이 먹물양 조절의 실패로 한지가 먹물을 다 흡수하지 못하자 먹물이 많은 곳을 한지로 찍어내며 먹물찍기 놀이를 즐겼다.

환경 다시 보기

아무리 좋은 재료, 특별한 방법을 알고 있더라도 물리적 환경이 주어지지 않으면 즐거운 예술놀이는 이루어질 수 없다. 따라서 유아교육기관의 물리적 환경을 재구성하거나 교실 이외 실내외 공간을 활용함으로써 예술놀이를 지원할 수 있다.

화가의 작업실로 변한 교실

C어린이집의 물감놀이가 처음 시작되었을 때는 교실 입구의 한 공간에 물감놀이 트레이를 제공하고 물감트레이 근처에서 물감놀이가 이뤄졌다. 유아들이 물감을 혼합하고, 흩뿌리고, 떨어뜨리는 과정에서 물감놀이 영역은

점점 넓어지고 바닥에 물감이 튀고 묻었다. 교사는 물감놀이
를 넓은 공간에서 할 수 있도록 교실 안쪽으로 옮겨 주었다. 이
때 한 유아가 교사에게 교실바닥에 물감이 묻지 않도록 종이를
깔아달라고 요청하였고, 교사는 유아의 요청사항을 수용하여 바닥에
두꺼운 박스종이를 깔아주어 유아들이 마음껏 물감놀이에 집중할 수
있는 환경을 구성해 주었다.

교실이 아니어도 괜찮아

유아들이 흥미로워하는 예술놀이를 진행하기에 교실공간이 적절
하지 않다면 어떻게 할까? 제4차 표준보육과정과 2019개정 누리
과정에서는 유아들의 경험과 배움을 지원하기 위해서는 자율적이
고 융통성 있는 시공간의 운영을 강조한다.
빛이 나는 물건을 찾고 춤을 추는 빛놀이를 준비하던 D유치
원 이교사는 빛놀이를 위한 어둡고 넓은 공간의 필요성을 인
식하였다. 이교사는 빛놀이 공간으로 교실이 아닌 실내놀이
터 유희실 가 적합했다. 이교사는 동료교사들과 협의 후 빛놀이 장소
를 실내놀이터로 정하고 실내놀이터에 빛이 들어오지 않도록 암
막커튼을 쳐 어둡게 구성해 주었다. 실내놀이터 곳곳에 빛을 숨
기고, 유아들을 초대하자 유아들은 빛을 찾고, 움직임에 방해받지
않으면서 신나는 춤을 추며 빛놀이를 즐겼다.

전시 다시 하기

예술, 특히 그리기, 만들기 등 시각 예술은 즐거운 놀이과정의 결과물로 작
품이 탄생한다. 유아들이 열과 성을 다해 제작한 결과물은 교사의 미적 안
목에 따라 작품의 완성도가 높은 전시관의 예술작품이 될 수 있고, 유아들
은 예술작품 제작자와 감상자를 넘나들며 풍부한 미적경험을 하게 된다.

예술가의 작품, 미술관 전시 흉내내기

E어린이집 최교사는 가끔 미술작품 전시회를 찾는다. 최교사는 미술작품 전시회에서 예술가들의 작품을 감상하는 동시에 예술가의 작품을 유아예술놀이로 적용할 수 있는 방법에 대해서도 생각한다. 최교사는 딱지를 활용한 예술작품을 보면서 딱지는 유아들도 좋아하는 놀잇감이므로, 딱지치기 외에 딱지를 활용해 작가의 작품처럼 구성했다. 교실로 돌아 온 최교사는 딱지 재료로 신문, 재활용종이 등을 제공했고, 유아들은 자신들이 만든 딱지로 딱지치기를 했다. 딱지치기 놀이가 마무리될 쯤 최교사는 교실 벽에 큰 도화지를 제공하고 딱지를 도화지 위에 붙여볼 것을 제안했다. 유아들이 만든 딱지가 겹겹이 쌓이자 교실 벽은 '딱지'작품으로 꾸며졌다.

유아교육기관에서 영유아들 뿐 아니라 부모참여수업으로 종종 진행하는 미술놀이 중 하나가 자연염색이다. 염색놀이를 하는 재료로 손수건이나 스카프 등을 많이 활용하고 염색이 끝난 손수건이나 스카프는 집으로 가져가는 경우가 많다. 자연 염색의 특징 중 하나는 같은 재료로 염색을 하더라도 동일한 결과물이 없다는 것이다. 완성된 염색 손수건을 접은 후 동일한 계열의 색 리본으로 묶어 책상에 올려놓자 염색놀이의 결과물인 손수건은 하나의 작품이 되어 감상의 즐거움을 선사했다.

퍼포먼스, 움직이는 전시

작품 전시는 결과물만 전시하는 것이 아니라 퍼포먼스라 불리는 행위예술처럼 예술가가 직접 전시작품이 되기도 한다. 아크릴 물감과 매직, 매니큐어 등으로 만든 꽃고무신은 작은 전구와 한지로 꾸민 의자 위에 놓여 전시

가 되기도 하지만, 꽃고무신을 만든 유아들이 직접 신고 걸어보는 것 자체
가 신발패션쇼를 위한 전시이기도 하다.

아카이빙 된 예술놀이

가끔 미술전시회에 가면 작품제작과정 사진이나 동영상이 제공되는 경우
가 있다. 이때는 다소 생소한 작가와 작품이라 하더라도 사진과 동영상을
통해 작품에 대한 이해를 높일 수 있었다. 유아들의 작품을 볼 때 아이들이
어떻게 저런 작품을 만들었는가? 저 활동을 한 아이들은 어떤 생각, 느낌
을 가졌는가? 하는 의문이 들 때가 있다.

영아반 유아들이 큰 전지 위에 손바닥, 발바닥 찍기 물감놀이를 했고, 인디
언 치마를 입고 춤추기 놀이를 하였다. 교사는 유아들의 손바닥, 발바닥이
찍힌 전지를 단풍잎 모양으로 재구성한 후 인디언치마를 입고 춤추는 영
아 개인 사진을 커다란 단풍잎 위에 레이어드 해 주었다. 그리고, 물감놀이
과정에 참여하는 영아들의 사진은 단풍잎 주변에 제시해 주었다. 이렇게
전시된 작품의 감상자는 영아들의 예술놀이를 간접적으로 체험하면서 그
과정을 이해할 수 있다.

평이한 듯 새로운 예술놀이를 경험한 유아들은 예술놀이를
하면서, 예술가가 되어가고 있었다. 호기심 가득한 눈으
로 재료를 탐색한 유아들은 그들이 원하는 방법으로 자
유롭게 예술을 즐겼으며, 평소 소극적인 유아들은 예술
을 통해 자신의 감정과 생각을 표현하기도 하였다. 예술놀

이가 진행되는 동안 유아들의 얼굴엔 웃음이 가득했고, 오랜 시간 동안 예술을 즐겼다. 예술놀이를 정리해야 할 시간이면 더 하고 싶다거나, 또 하고 싶다는 이야기를 하기도 했다. 때로는 자신들도 예상하지 못한 결과물에 감탄을 하며 진짜 예술가가 된 듯 의기양양하기도 했다.

느끼고, 놀이하고, 표현하고, 감상하는 종합 예술놀이 세트
비를 만나다

유아교육은 유아들의 관심과 흥미에 따른 놀이중심 통합교육이다. 따라서 유아들이 관심과 흥미를 보이는 주제는 다양한 분야의 예술놀이로 통합되기도 한다.

비가 오는 여름이 되자 유아들이 비에 대해 관심을 가졌다. 교사는 유아들과 함께 비(雨)놀이를 하며, 비옷과 장화를 준비해 비를 맞아 보기로 했다. 그런데, 일기예보와 달리 비가 오지 않았다. 비에 대한 유아들의 관심과 흥미를 지속하기 위해 교사는 바깥 놀이터에서 호스로 물을 뿌려 인공비를 만들어 비오는 날을 연출했고, 비옷과 장화를 신은 유아는 교사가 만든 비를 맞으며 비놀이를 즐겼다.

진짜 비는 아니었으나 비를 만난 유아들은 자신들이 비가 되고 싶었다. 교사는 유아들과 비오는 영상과 사진을 보며, 비를 어떻게 표현할지 생각을 나누었다. '비'가 되기 위해 '비'임을 표현할 상징물이 필요했다. 교사는 비를 표현할 상징물로 '파란색 비닐조끼'를 준비했다. 비는 '하늘'에서 오며, 비가 바닥에 떨어진 곳에는 물이 있다는 유아들의 이야기에 귀기울인 교사는 비오는 영상을 천장에 비춰주었고, 바닥에는 빗물을 상징하는 파란색 카펫을 깔아주었다. 비오는 장면이 연출되자 파란색 비조끼를 입은 유아들은 파란색 카펫 위로 빗물이 되어 떨어지고 구르며 비를 표현했다.

비를 만나 비가 된 유아들은 비를 그려보고 싶어했다. 교사가 비를 연상하

는 분무기를 사용하여 비를 그릴 수 있도록 도화지와 사인
펜을 제공하자 유아들은 도화지에 사인펜으로 비(점, 선)
를 그리고 그 위에 스프레이로 물을 뿌려 비 오는 날을 표현
했다.

처음 비를 만난 곳은 바깥놀이터였다. 비를 만났던
바깥놀이터에서도 미술놀이는 가능하다. 교사는 유
아들이 비를 만났던 바깥놀이터에 도화지, 파란색과
흰색 물감, 붓과 물통을 준비해 주었고, 유아들은 각자
의 비를 표현했다.

종이 소리, 몸 그림

교사가 다양한 종이를 제공해 주고, 종이를 만지며 종이에서 소리
가 난다는 이야기를 하였다. 종이에서 소리가 난다는 교사의 이야기에 흥
미를 느낀 유아들이 종이를 찢고, 구기고, 두드리는 등 종이로 소리를 만
들며 놀이하였다. 교사는 종이에서 나는 소리를 종이 위에 그림으로 그려
볼 것을 제안하였고, 유아들은 모둠별로 종이 소리를 그림으로 그렸다. 종
이 소리를 그린 그림을 본 유아가 그림을 따라 몸을 웅크리는 흉내를 냈다.
종이로 소리를 내고, 그 소리를 그림으로 그리고, 종이 소리 그림을 몸으로
표현해 보자는 교사의 제안을 받아들인 유아들은 종이라는 재료로 음악-
미술-동작이라는 다양한 예술놀이를 즐겼다.

예술의 힘을 믿고, 예술놀이 실천하기

지금까지 필자의 경험을 바탕으로 유아교육기관에서 유아교사가 실천할
수 있는 예술놀이 사례를 살펴보았다. 필자가 소개한 사례는 어디에서도
볼 수 없었던 새로운 예술놀이가 아니다. 많은 유아교사들이 알고 있고, 때
로는 실천하고 있는 예술놀이들이다. 앞선 사례들을 통해 필자가 하고 싶
은 이야기는 예술은 미술관, 연주회, 공연장에 있는 것이 아니라 우리와 유

아들의 삶 가운데 매 순간 존재하고 있다는 점이다. 다만, 평범한 일상과 놀이를 예술로 승화하기 위해서는 우리 스스로 예술에 관심을 가지고 예술과 친해지기 위해 노력하고자 하는 사고의 전환과 열린 마음이 필요하다. 그리고 예술로 인해 발생한 왁자지껄한 소란스러움과 엉망진창이 되어가는 아이들과 교실 정리에 마음을 쓰기 보다는 한바탕 신명나게 놀이하는 예술의 과정에 온전히 몰입하기가 필요하다는 점을 기억하자.

궁극적으로 유아예술교육의 목표는 예술가 양성이 아니라 다양한 예술적 경험을 통해 예술가와 같은 미적안목과 심미적 감수성을 가짐으로써 이성과 감성이 조화로운 미적인간의 양성이며, 일상생활에서의 예술적 경험을 통해 나와 타인과 세계에 대한 이해의 폭을 넓히고, 더불어 살아가는 지속 가능한 사회를 만들어 가야한다.

예술의 힘을 믿고, 오늘도 신나는 예술놀이에 빠지자!

유아의 시선에서,
유아의 의도로

이은진
엄마 예술가, 놀이전문가

엄마표 책육아와 교구육아를 통해 자라는 아이의 육아기록을
남기며 인스타그램(hazzang_mom)에서 하짱맘으로 육아맘
들과 소통하고 있다. 무용을 전공한 예술가이자 학교 선생님으
로 예술과 함께하는 엄마표 홈스쿨링의 가치를 알리고자 노력
하고 있다.

0세부터 시작하는 예술놀이

AI시대의 핵심역량교육, 창의성

포스트 코로나 이후로 막연히 먼 미래의 일이라고 생각했던 일들을 현실로 마주하게 되는 경우가 빈번히 일어나고 있다. 그만큼 사회는 하루가 다르게 급속도로 바뀌고 있고, AI 기술은 이미 우리가 상상하는 그 이상으로 발전하고 있으며 인간의 삶 깊숙이 들어와 있다. 빠르게 확산되는 AI 시대에서 인간에게 필요한 핵심 역량을 '3C' 즉, 소통 communication , 협력 collaboration , 창의성 creative 이라고 한다. 미술, 연극, 음악, 춤 등과 같은 다양한 형태의 예술활동은 감각적인 경험을 통해 감정을 표현하고 다양한 아이디어와 관점을 공유하는 등 창의성을 발전시키는데 중요한 활동이라고 할 수 있다.

예술활동이 이루어지기 위해서는 다양한 감각을 활용한 '관찰'이 우선되어야 한다. 예를 들어, 벚꽃나무를 표현해보려고 한다면, 우선 나무의 가지, 꽃, 줄기 등을 다양한 각도에서 관찰하고, 감각적으로 어떤 느낌인지 만져도 보고, 가까이서 꽃의 냄새도 맡아볼 수 있다. 이렇게 다양한 감각채널로 관찰된 정보가 우리 뇌에 입력되면, 이를 자기만의 생각과 느낌을 담아 표현해낼 수 있는데, 물감으로 그림을 그리거나, 적절한 재료를 선택해서 직접 만들어볼 수 있다. 아니면 나무를 바라볼 때의 느낌을 피아노 연주로 표현해보거나, 내 몸이 벚꽃나무가 된 것처럼 움직임으로 표현해 볼 수도 있다. 이렇듯 예술은 자기 표현의 수단이며 자기만의 느낌을 다양한 도구들로 표현하는 과정 속에서 창의성이 자라난다.

유아기의 예술적 감성 키우기

유아기에 접하는 다양한 놀이는 아이가 세상을 탐구할 때 같은 것을 보더라도 다양한 관점으로 볼 수 있는 힘을 키워준다. '예술'이라는 단어를 들었을 때 왠지 어렵고 나와는 먼 이야기라고 느껴진다면 그것은 충분한 경험을 하지 못했기 때문이다. 유아기에 예술을 경험한다는 것은 악기를 배우거나 발레학원, 미술학원에 다니는 것처럼 꼭 구체적인 예술활동이나 작업을 한다는 의미가 아니다. 예술 활동에 대한 경험보다 아이의 생활속에서 자연스럽게 예술적 감성을 키워줄 수 있으며, 이는 예술에 대한 감각적인 이해를 통해 다양한 표현방법에 민감하게 반응하는 능력을 포함한다. SNS에 '엄마표 미술놀이'라고 검색하면 입이 떡 벌어지는 미술활동 컨텐츠들이 많이 있다. 한 때는 나도 아이에게 재밌는 미술활동을 경험시켜 주고 싶은 마음에 만 3세도 안된 아이를 데리고 미술놀이를 시도했던 시기가 있었다. 그런데 어느 순간 이건 내가 생각하는 접근이 아니라는 생각이 들었다. 그 이유는 아이의 관심과는 상관없이 엄마가 재료를 준비하고 해야 할 활동을 정하며, 아이와 활동을 시작해서 결과물을 만드는 과정이 모두 엄마가 가진 목적을 중심으로 이루어지고 있었다. 영유아기의 아이와 함께 하는 미술활동이 엄마가 원하는 예쁜 결과물이 되기 위한 과정은 생각보다 녹록치 않다. 자기도 모르게 아이에게 "조심해, 안돼, 기다려, 잠깐만, 이렇게 해야지" 같은 말들만 반복해서 하게 된다. 결과물을 보면 이것이 엄마의 만족을 위해 한 활동이었는지, 아니면 아이의 예술 경험을 위한 활동이었는지 모르겠다는 생각이 들 때가 많았다. 아이는 미술활동 과정의 주체가 되고 싶어 한다. 무언가에 호기심을 가지고 재료를 탐색하고 자기 느낌을 표현할 방법을 찾아 나갈 수 있는 활동의 주체가 되고자 한다.

그래서 아이와 함께 다양한 예술적 경험과 느낌을 공유해 나갈 수 있는 다른 방법을 찾기 시작했고, 놀이의 시작은 아이의 관심사에서 확장되어야 한다는 것을 느끼게 되었다. 우리는 아이의 생각을 확장해주는 대화를 이끌 매개체로 음악을 이용할 수도 있고, 미술, 글쓰기, 연극 등을 선택할 수도 있다. 그리고 다양한 배움의 순간이 아이의 감정과 생각을 공유할 수 있는 가장 쉬운 매개체가 될지도 모른다. 예술적 감성을 위한 경험이 꼭 대공연장의 웅장한 오케스트라 공연이나 크리스마스에 호두까기 인형 발레공연을 보러 가야 하는 것이 아니라, 아이의 생활공간 속에 이미 다양한 예술

영역들이 숨쉬고 있다. 그것을 아이가 가까이에서 경험하고 영유할 수 있다면 예술적 감성은 아이의 내면에서 자연스럽게 성장해 나갈 수 있다.

예술적 감성이 자라나는 우리 집

아침을 여는 클래식 듣기

아이가 신생아때부터 지금까지 육아에서 가장 신경을 써온 것이 바로 일상의 루틴이다. 아이들은 자신의 하루가 어느 정도 예측가능할 때 안정감을 느낀다. 내가 하루를 시작하는 아이를 위해 매일 한 첫 번째 일은, 아이가 깨어나기 전에 클래식을 틀어 둔 일이다. 클래식을 틀고 아이 방의 문을 열어놓으면 엄마가 깨우러 가기 전에 아이는 살짝 잠에서 깨어난다. 그리고 이제 엄마가 방에 들어와 스트레칭과 마사지를 해 줄 것이고 곧 일어나야 한다는 것을 알고 있다.

아침에 들었던 노래의 멜로디를 자기도 모르게 하루 종일 흥얼거린 경험이 누구나 있을 것이다. 이는 뇌과학적으로 소리나 언어를 듣고 기억하는 능력인 '오디토리 auditory 기억력' 과 관련이 있다고 한다. 뇌는 강렬하거나 반복적인 음악패턴을 기억하고 이를 계속 상기시키는데, 아침에 들었던 노래의 멜로디가 뇌에 강한 인상을 남겨 머릿속에서 계속해서 떠오르게 되는 것이다. 생각해보자. 아침에 잠에서 깨어나자마자 엄마가 해주는 마사지를 받으며 듣는 클래식 음악은 감정적으로도 뇌에 더 깊은 인상을 남길 수 있고, 이는 예술적 감수성 뿐 아니라 아이가 정서적 안정감을 느끼도록 할 것이다.

클래식을 틀어줄 때, 처음에는 작곡가별로 나뉘어져 있는 CD를 틀어주는 것을 추천한다. 엄마가 전공자가 아닌 이상 나오는 모든 곡에 대한 코멘트를 할 수 없다. 그저 "오늘은 모짜르트의 곡이야, 오늘은 바흐가 만든 음악이란다."라고 말해주고 아이와 등원 준비를 하면서 즐겁게 흘려들어보자. 그러다 재밌는 리듬이 나오면 같이 춤을 추기도 하고, 중간 중간 지금 느끼는 감정이나 음악을 듣고 떠오르는 장면을 각자 이야기해보기도 한다. 이 과정에서 아이들이 자신의 감정이나 아이디어를 자유롭게 표현하도록 존중해줌으로써 음악에 긍정적인 감정을 느끼도록 한다. 특별히 귀에 들리는 악기소리가 있다면 어떤 악기인지 말해보도록 유도하자. 정답을 꼭 알고 넘어갈 필요는 없다. 다양한 악기의 이름이 나오면 나중에 시간의 여유가 있을 때 "오늘 아침에 들었던 악기 소리를 한번 찾아볼까?"하고 몇 가지 악기의 소리를 영상에서 찾아서 독립적으로 들려주곤 했다. 그렇게 첼로라는 악기 소리를 좋아하게 되었고, 5세에 첼로를 배우고 싶다고 졸라서 시작한 첫 악기는 지금도 아이의 둘도 없는 친구가 되었고 연주하는 시간이 아이에게는 힐링타임이다.

결국 아이와 클래식을 들을 때 중요한 것은 곡명이나 악기 이름이 아니라, 지금 내가 이 음악을 어떻게 느끼고 있는가? 하는 것이다. 아이는 서서히 자기가 좋아하는 멜로디와 음악적인 취향이 생기고, 유명한 곡들을 흥얼거리기도 하는 모습을 발견할 수 있을 것이다.

발도르프 습식 수채화 한 장이 주는 평화

발도르프 학교의 미술시간에 하는 습식 수채화라는 것이 있다. 우연히 발도르프 교육에 대한 강의를 듣다가 알게 되었는데, 젖은 종이에 빨강, 파랑, 노랑 3가지 색의 물감만으로 자연에서 받은 영감을 표현하는 수채화이다. 젖은 종이에 색을 입히면 색이 부드럽게 퍼지며 색채가 혼합되는 과정도 천천히 관찰할 수 있다. 이 역시 그림의 완성보다는 과정에서의 경험과 자유로운 표현을 중요시한다. 단 3가지의 색만 사용하는 것은 아이들이 색채의 기초를 이해하는데 도움을 주고, 이 삼원색들을 조합하면 다양한 중간색들을 얻을 수 있기 때문이다.

거창한 발도르프적인 교육이념을 가지고 시작한 일도 아니고 전문적으로 방법을 배운 것도 아니지만, 아침에 일어나서 식사를 하고 뭔가 정적인 활동으로 각자 집중하는 시간이 필요할 때 그림을 그리는 것이 너무 좋았다.

젖은 종이에 물이 묻은 수채화 붓으로 그려내는 그림이기에, 물조절이 아주 중요한 활동이다. 처음에는 매일 같은 그림만 그리는 느낌이었다. 그러다 어느 순간부터는 키친 타월을 한 장 접어서 물통 앞에 놓아주면 붓이 머금은 물의 양을 조절하기 시작했다. 아이는 이 수채화 시간을 매일 기다리며 아주 진지하게 그 시간을 채워가고 있었다.

습식 수채화는 주로 자연에서 받은 영감을 주제로 자신의 느낌만을 표현하는 활동이라 아주 어린 친구들도 붓만 잡을 수 있다면 엄마와 함께 하는 것이 가능하다. 그리고 미술활동이지만 결과적으로 어떤 형태를 만들어내거나 그리지 않아도 되기에 그저 아이가 느끼는 느낌만을 단 3가지 색을 이용하여 거침없이 표현할 수 있다는 것이 참 좋았다.

아이가 물감으로 그림을 그릴 준비를 하고 있을 때부터 배경 음악을 틀어준다. 흘려 듣기 위한 경우도 있지만 아직 어린 친구들은 그림을 그릴 때 영감을 주는 무언가가 있으면 더 쉽게 그림을 그려낼 수 있고, 실제로 음악은 아이의 영감을 증폭시키는 좋은 역할을 해주었다. "지금 듣고 있는 곡을 색깔로 표현한다면 무슨 색일까?" "그럼 크게 그려야 할까 작게 그려야 할까?" "형태는 둥글 것 같아 뾰족할 것 같아?" "넌 어떨 것 같아?" "넌 어떤 느낌이 들어?" 와 같은 질문을 해볼 수 있다. 그리고 아이가 어떤 대답을 하던 수용해주고 공감해준다.

'글을 읽는다'는 말처럼, 나는 그림도 음악도 '읽는다'는 표현을 아이에게 자주 사용한다. 우리는 사람의 표정과 말 속에서 감정과 마음을 읽기도 하고, 눈에 보이는 정보들을 종합해서 현재 상황과 분위기를 읽기도 한다. 우리가 무언가를 '읽는다'는 것은 대상에 집중해서 아주 자세히 관찰해본다는 것이다. 유아기에 처음 만나는 모든 예술활동의 시작은 잘 관찰해서 잘 읽어내는 것이라고 생각한다. 그렇기 때문에 아이들과 하는 예술놀이 활동은 늘 결과물보다는 그 과정에 초점을 맞춰야 한다.

칙칙 폭폭, 명화 위를 기고 앉고 뛰어요!!

개인적으로 아이를 키우는 집이 아주 깔끔하게 정돈되지 않는게 좋다고 생각한다. 특히 누워만 있던 아이가 바닥을 기어 다니기 시작하면, 집은 모험과 탐험이 가능한 공간이어야 한다고 생각한다. 내가 베이비 룸을 사용하지 않은 것도 이 때문이다. 아이의 시선과 같은 위치에 내 시선이 머물러 보면 아이에게 필요한 것이 무엇인지 금방 알 수 있다. 나는 아이의 시선

이 닿는 모든 곳이 흥미로운 것들로 채워지길 바랬지만 그건 우리가 생각
하는 장난감과 같은 것들은 아니었다. 아이가 맘 먹으면 어디든 갈 수 있길
바랬기에 내가 챙겨야 할 것은 아이의 모험을 방해할 위험한 물건을 치우
는 것, 그리고 정돈된 집이 아니라 청결한 집을 유지해 주는 것이었다.

유명한 그림책의 일러스트는 그 표지자체로 예술작품이 될 수도 있다. 나는 책을 정리하기 보다는 예쁜 그림책과 명화책, 명화포스터들을 벽에 빙 둘러 바닥에 주로 세워 두었다. 아이가 누워서 우유를 마시다가 눈길이 멈추는 곳에 흥미로운 책이 있으면 열심히 기어간다. 그리고 바닥에 엎드린 채로 그 그림을 한참동안 유심히 바라보며 옹알옹알거린다. 그때 내가 다가가 아이에게 명화 속에 숨겨진 이야기들을 만들어내서 말해준다. 영유아기에는 그림책을 읽을 때도 글을 읽는 것이 아니라 구석구석 아이의 시선이 머무는 곳에 숨겨진 그림을 열심히 읽어주는 것이 좋다. 연극 하는 사람처럼 혼자 말하고 혼자 대답하지만 아이는 다 듣고 있다는 것을 확인하는 경우가 있는데, 엄마와 읽은 책을 나중에 혼자 보면서 엄마의 어떤 행동이나 말을 정확히 기억하고 똑같이 따라할 때이다.

아이가 일어서서 걷기 시작하면 바닥에 명화그림책을 일렬로 쭉 깔아 두고 기차놀이를 하기도 한다. 명화그림책 레일을 따라 장난감 자동차로 놀기도 하고, 직접 기차가 된 아이의 뒤를 따라가기도 한다. 이때 음악을 틀어 두고 빠른 음악에는 빠르게 뛰어가고 느린 음악에는 엉금엉금 느리게 기어가면서 속도를 조절하면 아이는 깔깔거리며 재밌어 한다. 중간중간 만들어 둔 기차역에 앉아서 준비해둔 간식을 먹으며 앞에 놓여진 그림도 같이 보고 이야기 이어 말하기 같은 놀이를 하기도 한다. 돌아가면서 한 문장씩 말하며 이야기를 전개시키는 놀이인데, 이야기를 만들기 위해 그림을 구석구석 잘 살펴보게 되고 명화에 우리만의 스토리를 입혀 기억할 수 있다.

주제를 다양한 관점으로 보는 마인드맵 놀이

브레인스토밍, 마인드맵을 유아기에도 할 수 없을까 해서 시작한 것이 주제별 놀이다. 주 단위로 주제를 잡거나 그 주에 야외체험을 한 것과 관련된 주제를 가지고 며칠 동안 생각을 확장시키는 놀이를 집에서 한다. 주제에 대한 다양한 영역의 책들을 모아서 읽고, 주제에 맞는 교구활동을 하고, 주제에 맞는 미술활동이나 만들기를 하고, 관련된 어휘에 대해서도 탐색해보고

음악도 듣는 식으로 다른 영역의 활동들이 하나의 주제에 연결된 경험을 해주고 싶었다.

가을이면 단풍놀이를 가기 전에 관련된 책도 읽고 붉은색 노란색을 섞어서 다양한 색들을 만들어 보기도 하고, 단풍잎을 주워서 스케치북에 붙여 만들기도 하고, 바스락거리는 단풍잎을 밟으면서 연주를 하기도 한다.

지구 온난화 문제에 대한 책을 읽으며 주제별 테마를 잡았을 때, 때마침 아이스크림을 먹고 드라이아이스가 생겨서 극지방을 주제로 스몰 월드를 만들었다. 스티로폼을 얼음이라고 생각하고 플레이트의 반을 채우고, 그 아래쪽에 드라이아이스를 놓았더니 나머지 물 부분도 연기로 채워져 아주 신비로운 분위기가 연출된다. 교구로 이글루도 같이 만들

고 극지방에 사는 동물들도 데리고 와서 놀기 시작했다. 놀이가 한창일 때, 드라이아이스가 작아지며 연기가 거의 사라져 점점 푸른 바닷물이 드러나고, 나중에 스티로폼을 빼 버렸더니 남아 있는 작은 드라이아이스에서만 거품이 보글보글 나고 있었다. 북극곰과 다른 동물들은 다 물에 빠졌고, 아기 북극곰만 드라이아이스 위에 겨우

앉아 있는 상황이 연출이 되었다. 지구 온난화로 극지방의 빙하가 녹을 거라는 내용을 책에서 읽어서 알고 있었지만 그 심각성에 대해 눈으로 확인한 순간이었다.

같은 내용이라도 놀이를 통해 접근하면 막연히 알고 있던 일이 내 일이 되며 아이는 생각이 깊어진

다. 지구 온난화는 사람들이 지구를 아프게 해서 지구가 점점 더워지는 것이고 빙하가 다 녹게 되었다고 알고 있는 아이에게 지구를 지켜주는 방법들에 대해 이야기를 해보는 시간을 가지고 잘 지켰더니, 남아 있던 드라이아이스가 투하되고 빙하가 다시 생겨나기 시작했다. "지구를 내가 지켜줬어!"라면 뿌듯해 하는 모습이 귀엽다.

어떤 지식과 정보를 전달할 목적으로 시작한 이야기라고 하더라도 그게 누구나 알 수 있는 정보로 끝나서는 안된다고 생각한다. 오리의 털이 물에 젖지 않는 이유를 설명한 책을 찾기 위해 직접 실험을 해본 적이 있다. 작은 어항에 바다색소 한 방울을 떨어뜨리고 피규어 물고기도 넣고 돌멩이도 넣어서 바다로 꾸며보았다. 물에 기름을 넣으니 위에 둥둥 뜨면서 섞이지 않는다는 것을 눈으로 확인할 수 있었다. 어떤 일이 일어날지, 어떤 방법으로 제거할 수 있을지에 대해서도 이야기해보는 시간이 될 수 있다.

생명의 소중함을 경험하는 사슴벌레와 개구리 키우기

곤충 채집을 하면 늘 집에 가서 키우고 싶어 했지만, 자연에서 잡은 야생 친구들은 여기가 집이니 잠깐 관찰을 하고 풀어주는 것이 당연한 것이라 아이가 늘 아쉬워했다.

집에서 키울 수 있는 곤충을 알아보다가 지인에게 사슴벌레 애벌레를 분양 받게 되었다. 실제로 6개월 만에 번데기 껍질에서 사슴벌레 성충이 나왔을 때 우리는 얼마나 기뻤는지 모른다. 사슴벌레의 집을 꾸며주고 친구까지 한 마리 더 구입해서 예쁜 가정을 만들어 주었다. 아이는 당시 아침마다 사슴벌레를 들여다보고 젤리를 갈아주는 것으로 하루를 시작했다. 그리고 키우는 곤충을 소중히 다루다 보니 밖에 나가서도 생명이 있는 다른 동물이나 곤충을 아주 소중히 생각하고 개미 한 마리도 함부로 죽이지 않게 되었다. 혹시 발로 밟을까봐 개미가 많이 지나다니는 길은 지나가지도 못할 정도였으니 그런 아이들의 순수한 마음이 참 예쁘다.

사슴벌레와 장수풍뎅이 책을 읽고 비슷한 듯 다른 두 곤충을 비교해보기

위해 박스에 다리와 몸통 머리 날개를 그리고 오려 색칠해보기로 했다. 아이와 어떤 주제에 대해 이야기하는 탐구활동을 마무리하고 정리하기 위해 미술놀이를 이용하는 경우가 종종 있는데 그림을 그리면서 오늘의 주제에 대해 다시 이야기하고 정리해보는 시간을 가진다. 사슴벌레를 올려놓고 관찰하는데 위협을 받았을 때 몸을 뒤집고 꼼짝도 않고 죽은 척을 한다고 했는데 정말 그러는게 아닌가? 아이는 우리가 너 키워줬는데 왜 죽은 척 하냐고 사슴벌레를 나무라고, 나는 그 상황이 너무 재미있어서 한참을 웃었다. 아이는 열심히 검은색으로 몸통을 칠하다가 갑자기 사슴벌레의 몸에 주황색 부분이 있기 때문에 주황색이 필요하다고 했다. 아이가 잘못 본 것이 아닌가 해서 뒤집어보니 진짜 희끗희끗 배쪽과 다리 마디마디에 살짝 주황색이 보였다. 주황색이 일부 들어가니 더 사슴벌레와 비슷한 색이 되었다. 아이들은 작은 눈으로 더 작은 것을 아주 세심하고 정확하게 관찰할 수 있다.

봄이 찾아온 산의 얕은 물가에 가면 개구리알과 올챙이를
만날 수 있는데, 올챙이를 키워보고 싶다고 사정을 해
서 몇 마리 데려와서 정성을 다해 키운 적이 있다. 올
챙이 친구들의 성장속도가 다 달라서 어떤 올챙이는
뒷다리만 나왔는데 다른 올챙이는 이미 앞다리까지 나
오고 어떤 올챙이는 꼬리가 짧아지고 거의 개구리가 되려
고 하고 있었다. 개구리가 되면 물 속에서 올챙이때 먹던 먹
이를 더 이상 먹지 않기에, 빨리 살던 계곡에 데려다 주
어야 했다. 성장속도가 다 다른 올챙이들을 한 마리
씩 따로 놓고 보니 개구리의 한살이 키트 같은 실물
버전이 완성되었다. 아이와 직접 하나씩 관찰하며
스케치북에 그림도 그려 넣어서 우리만의 개구리 한
살이 노트를 만들었다. 마지막에는 물감으로 연못도 그려
주었는데, "여기 진한 곳은 물살이 세고, 연한 곳은 물살이 약해. 근데 물살
이 센 곳에 신발을 놓으니까 신발이 빨리 떠내려가고 돌을 놓으면 돌도 데
굴데굴 굴러가서 재미있었어." 라며 그날의 경험을 신이 난 얼굴로 이야기
해주었다.

집에서 책으로 접하는 간접 경험이 베이스가 되어주고, 밖에 나가서 직접
경험으로 얻은 정보들이 더해지면서 잘 융합된 단단한 지식이 아이의 머
릿속에 자리를 잡는다. 아이와 하는 미술 활동들은 갑자기 엄마가 준비해
서 하자고 이끄는 활동보다는 늘 현재 아이의 관심과 맞닿아 있는 것들이
었다. 이런 활동이 더해지며 지식의 그물망은 더 견고해진다.

나는 누구인지, 내 나라가 어떤 나라인지 알아보기 :
광복절 이야기

한국사를 알기 전에도 광복절이 되면 나라에 대해 생각해보기 위해 태극
기와 관련된 그림책을 읽고, 한글날에는 세종대왕님의 삶에 대한 책을 읽

으며 이야기를 나누었다. 내가 뿌리 내리고 있는 내 나라가 어떤 나라인지를 아는 것은 아이가 삶의 방향을 정하고 생각의 뿌리를 내리고 앞으로 나아가는데 매우 중요하다. 4살의 광복절에는 태극기 동요를 들으면서 직접 만든 태극기를 흔들어보는 활동이었다면, 한국사를 접하고 일제강점기를 알게 된 5살의 광복절은 조금 다른 의미로 다가왔을 것이다. 어떤 태극기를 만들어볼지 아이와 이야기 하다가 '건곤감리'가 각각 '하늘, 땅, 물, 불'이라는 의미를 가지고 있다는 책 내용에 따라 직접 색종이 색을 골라서 잘라 붙여보기로 했다. 태극기를 만들면서 나눈 이야기들은 독립운동가들이 나라를 되찾기 위해 어떤 방법을 동원하였는지, 목숨을 바쳐 싸운다는 것의 의미가 무엇인지, 목숨 바쳐 싸운 사람들이 없었다면 지금의 대한민국은 어떤 나라가 되어 있을지, 내가 그 시대를 살았다면 어떻게 했을지에 대한 것들이었다. 어쩌면 딱딱하고 어려울 수 있는 이야기지만 정신을 말랑

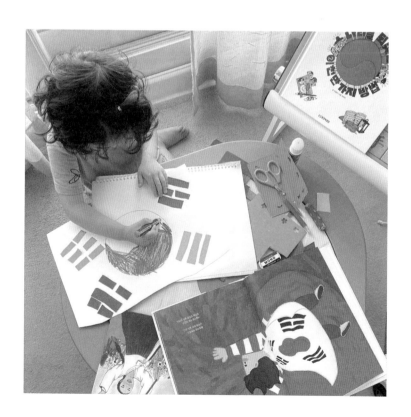

하게 해주는 예술 활동을 하면서 대화를 나누면 아주 편안한 분위기에서 아이의 사고가 열리고 확장된다. 그렇게 태극기 만들기가 다 끝나고 잠깐 자리를 비운 사이, 아이는 태극기의 양쪽에 손잡이를 만들어서 붙이고 책상 위에 올라가 대한독립만세를 목청껏 외치기 시작했다.

"대~한 민국!! 대~한 민국!! 우리는 일본보다 더 센 나라다!! 우리나라를 대한민국이라고 부를꺼다!! 나는 사람들 제일 앞에서 소리칠거야. 대~한 민국!! 대~한 민국!! 그럼 일본이 벌벌 떨면서 도망가겠지. 나는 공부도 열심히 하고, 지혜를 쌓아서 우리나라를 일본보다 더 강한 나라로 만들거야."

처음에는 하는게 귀여워서 웃음이 났지만, 정말 진심으로 대한독립만세를 목청껏 외치는 아이, 사람들 제일 앞에 서서 대한독립을 외칠꺼라는 저 아이를 보면서 위험한 일이라는 것을 뻔히 알지만 자식의 애국심을 응원할 수 밖에 없었을 것 같은 부모의 마음이 느껴져서 가슴이 먹먹하고 뜨거워졌다.

유아기의 예술활동이 바라보고 있어야 하는 방향은 결과물이 아니다. 활동 자체에 그 목적을 가지고 결과물에 초점이 맞추어지면 과정에서 전할 수 있는 교육적 가치는 엷어진다. 태극기를 완성한다는 의미보다는 자기의 마음을 담아 태극기를 만들어 흔들며 대한독립만세를 외쳐본 경험을 통해 태극기의 의미와 무게에 대해 생각해볼 수 있었을 것이다. 총칼보다 강한 것은 정신이라는 것, 그리고 우리나라를 어떤 나라도 얕보지 못하는 강한 나라로 만드는 것은 너희에게 달려있다는 것을 이야기하며 광복절 놀이를 마무리하였다.

자연에서 예술적인 감성을 발견하는 놀이

계절의 변화를 몸으로 느껴보는 자연물놀이

아이에게 멈추지 않고 흘러가는 시간을 몸으로 느끼게 해주는 좋은 방법 중의 하나는 매번 같은 장소에서 계절의 변화를 관찰하는 것이다. 가능하면 계절마다 갈 수 있는 가까운 장소를 정하면 좋은데, 가능하면 관찰할 수 있는 식물의 종류가 다양하고 흐르는 물이 있는 산이나 공원이 좋겠다. 우리 가족은 산이나 공원에 갈 때 스케치북과 크레파스, 목공풀, 양면테이프, 끈, 손잡이가 있는 작은 버킷 정도의 미술재료를 항상 가지고 다닌다. 아이가 버킷에 나뭇가지, 돌멩이, 열매, 나뭇잎 같은 자연물들을 주워 오면 나뭇가지를 서로 끈으로 묶어서 집을 만들거나 사람을 만들 수도 있고, 나뭇잎이나 꽃을 스케치북에 붙여서 얼굴이나 동물모양을 만들어보는 것도 가능하다. 한번은 도토리와 솔방울을 주워 왔길래 이 열매들이 어느 나무에서 떨어진 걸까 찾아보자고 제안했고 아이는 꼭 맞추겠다며 신나서 주위 나무를 하나하나 올려다보고 찾기 시작했다. 소나무와 참나무의 잎모양을 보고 찾기를 바란 엄마의 의도를 아는지 모르는지, 금방 두 나무를 발견했길래 왜 그렇게 생각했는지를 물어보았다. 하늘을 올려다보며 걷다 보니 솔방울이 달려있는 나무를 아주 쉽게 찾을 수 있었고, 참나무 아래에는 도토리가 많이 떨어져 있어서 알았다는 아이의 대답에 웃음이 터졌다. 자연을 보고 있으면 왜 그럴까 하는 물음이 끊임없이 생겨난다. 답을 꼭 알려주지 않아도 내 주변에 관심을 가지고 호기심을 갖는 경험 자체로 훌륭한 자연

탐구가 아닐까?

봄이 되면 나무에 올라오는 새순과 계곡에서 발견하는 올챙이, 여기저기 만발한 꽃들을 보며 생명이 시작되는 계절이라는 것을 온 몸으로 느낄 수 있다. 봄은 가장 다양한 색깔을 찾을 수 있는 계절이기도 하다. 산책길에 10구짜리 계란판만 하나 들고 나가서 여러가지 색 자연물로 칸을 채우면 예쁜 자연 팔레트가 된다. 벚꽃이 만개한 나무 아래에 떨어진 꽃들을 주워서 양면테이프로 스케치북에 붙여보자. 입체적인 니만의 벚꽃나무가 완성된다.

온통 숲이 초록초록해지는 여름의 숲에서는 시원한 계곡물에서 더위를 식힐 수도 있고, 물 속의 돌멩이만 뒤집어봐도 다슬기나 작은 곤충들을 발견할 수 있다. 게다가 여름은 곤충을 관찰하기 제일 좋은 계절이기도 하다. 여치, 사마귀, 나비, 메뚜기, 콩벌레 그리고 밤에 날아드는 야행성 곤충들도 쉽게 관찰할 수 있는 계절이기 때문이다. 미리 손바닥 만한 노트를 가지고 나가서 발견한 곤충을 간단하게 그려보는 활동도 좋다. 뭔가를 그려내기 위해서는 더 잘 관찰 해야하는데, 자연 속에서 하는 활동의 기본은 바로 관찰이다.

가을은 자연 놀이가 가장 풍성해지는 계절이다. 떨어진 단풍을 주워서 스케치북에 붙이며 다양한 모양을 만들어 보기도 하고, 집에서는 빨강 노랑 화이트만 큰 팔레트에 짜주고 자유롭게 섞어서 색을 만들어 칠하도록 했다. 빨강색에 노랑이 스며들면 섞이는 비율에 따라 다양한 주황색들이 나타나고, 화이트를 얹으면 핑크 빛을 만들 수 있다. 하지만 가장 좋은 활동은 실제로 다양하게 존재하는 붉은 단풍잎들을 모아서 관찰하는 것이다. 우리가 물감을 섞어 만들어낼 수 없는 자연에 존재하는 색을 관찰할 수 있는 계절이 바로 가을이다.

차가운 촉감 뒤에 손 위에서 녹아내리는 눈은 겨울 최고의 자연물 놀잇감이다. 눈에서 실컷 놀고는 집에서 눈 결정 만들기를 하면서 대칭의 아름다움에 대해 이야기해봐도 좋다. 기온이 영하로 내려가는 날이라면, 얼음 몰드에 물감을 푼 물을 담고 작은 막대기를 하나씩 꽂아 아이가 직접 베란다에 내놓도록 해보자. 서서히 얼어가는 물을 관찰하는 과학실험이기도 하고 얼음이 잘 얼면 막대 하나씩 잡고 몰드에서 빼내어 스케치북 위에 쓱쓱 스케이트를 타며 얼음물감그림을 그려볼 수도 있다.

매일 보는 것을 다른 관점으로 보기 : 잎맥 관찰

자연에서 놀 때 제일 많이 볼 수 있는 것이 나무이다. 떨어진 나뭇잎을 종류별로 주워 모아 관찰해보는 것도 재미있는 놀이가 될 수 있다. 나뭇잎의 앞쪽이 아니라 관점을 바꾸어서 뒤집어서 보면 선명한 잎맥의 모양을 발견할 수 있다. 수목원으로 캠핑을 갔을 때였다. 아이와 주워 온 나뭇잎을 스케치북에 대고 스텐실 기법으로 가장자리를 따라 그려보다가, 나뭇잎 뒷쪽의 잎맥을 관찰하게 되었다. 아이가 스텐실로 그린 나뭇잎 모양에 아이 생각대로 자유롭게 잎맥을 그려보게도 하고, 실제로 뒤집어서 따라 그리기도 했다.

잎맥을 보고 종류만 척척 이야기하기 보다는 잎에는 잎맥이 왜 있어야 하는지를 먼저 생각해서 아이가 자유롭게 생각을 말해보는 것이 중요하다. 우리가 아이들과 함께 생각해보아야 하는 것은 잎맥의 종류와 같은 일차원적인 지식이 아니기 때문이다. 잎맥이 있는 이유를 알기 위해서 나무의 뿌리, 줄기, 잎이 각각 어떤 기능과 역할을 하는지 먼저 책에서 찾아보았다. 자연의 모든 부분들은 유기적으로 연결되어 있으며, 그 이유가 놀랄 만큼 과학적이다. 시간이 흘러 잎맥 모양을 보며 이게 장상맥인지 그물맥인지를 구분하는 것은 금방 까먹을 수 있지만, 잎맥이라는 길을 통해 다니는 것은 어떤 것이고 왜 나뭇잎 모양에 따라 잎맥이 다를 수 밖에 없는지에 대해 나눈 대화는 오래 기억에 남을 것이다.

잎맥을 관찰하고 집에 돌아와서 그림책을 읽다가 하늘에서 번개가 치고 있는 사진을 보게 되었는데 "엄마, 이건 그물맥 같지 않아? 그물맥은 촘촘하게 그려야 하는데 이런 게 바로 촘촘한 거야. 그래야 구석구석 물을 잘 전달할 수 있지." 라고 아이가 말하기에, "그럼, 그물맥이랑 비슷하게 생긴 걸 자연에서 또 찾아볼 수 있을까? " 하고 물었더니, "가뭄이 왔을 때 땅이 갈라진 것도 이런 모양인 것 같애." 라고 대답하는 것을 보고 나는 한번도 해보지 못한 재밌는 생각이었기에 놀란 적이 있다. 자연을 관찰하는 경험은 왜 그런지 궁금증을 가지는 습관을 만들어주고 이는 아이가 더 확장적이고 유연한 사고를 하도록 돕는다.

놀이터 100배 즐기기

놀이터를 갈 때도 간단한 준비만 해서 가면 좀 더 감각적으로 아이가 다양한 경험을 할 수 있다. 아직 제대로 붓을 잡기도 어려웠던 2살 무렵에는 물그림을 자주 그렸다. 화통에 물을 받아서 큰 그림의 배경을 칠할 때 쓰는 백붓 몇 개를 가지고 놀이터로 나가곤 했다. 붓에 물을 묻혀 바닥에 그어보면 물그림이 그려진다. 물이 지나간 자리만 색깔이 진해지는 것이다. 바닥뿐 아니라 여기저기 눈에 보이는 자연에 물을 입히면 본연의 진한 색이 나타난다. 흙에 굴러다니다 하얀 흙이 잔뜩 묻어 있던 돌멩이도 맨들맨들 회색 얼굴빛을 드러내고, 나무 줄기에도 붓으로 물을 칠하면 진한 갈색으로 그 진하기가 달라진다. 물을 가지고 그림을 그리던 아이는 그러다 자연스럽게 손에도 물을 묻혀서 바닥에 돌 위에 손자국과 발자국을 찍어 보기도 한다. 돌멩이에 물로 아이 이름이나 가족들 이름도 커다랗게 써주면 알아맞히는 놀이도 재밌다. 빈 페트병에 물을 채우고 뚜껑에 작은 구멍을 뚫어서 흙놀이터에 나가보자. 쭉쭉 나가는 물줄기로 바닥에는 부드러운 곡선들이 그려진다. 페트병을 거꾸로 들고 뛰어다니면 아이가 뛰어다닌 흔적을 남길 수도 있는데 자기가 돌아다니던 길을 보는 게 뭐가 그리 재밌는지 깔깔거리며 웃음이 멈추지 않는다. 집을 찾아가던 개미에게 물살을 잘못 쏜 날, 개미가 물에 빠졌다며 너무 미안했는지 갑자기 개미 안전요원이 되어 다른 개미들이 물이 있는 쪽으로 가지 못하도록 강제로 길을 우회 시키는 놀이가 한참을 이어지기도 한다.

어린이집이나 기관을 가기 전에는 충분한 야외활동 시간을 확보하기 위해서 가끔 놀이터의 벤치 그늘에 그림을 그리는 공간을 준비해 주기도 했다. 휴대용 이젤이나 큰 사절 스케치북에 크레파스 색연필 같은 간단한 미술도구를 펼쳐준다. 아이는 놀이터에서 자유롭게 뛰어놀다가 힘들거나 흥미가 떨어지면 돌아와 그림에 대해 떠오른 영감을 열심히 끄적거렸다. 비형식적인 선일 뿐이지만

그게 아이가 지금 느끼는 감정이나 보이는 놀이터의 모습이었을지 나도 모른다. 하얀 종이에 뭔가를 거침없이 시도해 보는 경험이 되길 바랬고, 색과 선만으로 지금 느낌을 표현해보는 활동이 다양한 채널로 감정을 표현하는 연습이 될 것이라고 생각했다.

집에 있는 컬러칩이나 컬러카드도 놀이터나 야외활동을 갈 때 가지고 나가면 아주 유용한 물건 중 하나였다. 자연 속에서 컬러칩과 똑같은 색을 찾아보는 것이다. 나무줄기라 하더라도 다 다른 갈색이고, 돌멩이라고 다 같은 회색은 아니다. 가을 숲에서는 정말 다양한 붉은색 노란색을 찾을 수 있고, 여름 숲에서도 다양한 초록색을 찾을 수 있다. 컬러칩이나 카드의 색상과 가장 비슷한 자연물을 찾아보는 활동은 색을 구분하는 민감성을 키워주는 좋은 놀이가 된다. 우리가 가지고 있는 감각은 지속적인 자극이 있어야만 섬세하게 발달한다.

자연의 감성을 담는 야외에서 그림그리기

자연에서 그림을 그린다고 하면 아름다운 풍경을 예쁘게 그리는 사생대회가 떠오를지도 모르겠지만, 엄마와 함께하는 자연에서 그리기는 그 목적이 좀 다른 것 같다. 아이와 그림을 그릴 때 주로 이젤을 사용하는데, 야외에서 그림을 그릴 때는 휴대용 이젤이 아주 유용하다. 이젤에 그림을 그리도록 한 것은 여러가지 이유가 있는데, 우선은 허리를 곧게 펴고 바른 자세로 그림을 그릴 수 있다. 그리고 테이블에 놓았을 때와 세웠을 때는 종이를 바라보는 시점이 달라지기 때문에 왜곡을 최소화할 수 있고, 보이는 대로 그림을 그리기가 쉽다. 이젤을 이용하면 아이가 자기에게 편한 각도를 찾아 그릴 수 있고, 바닥에 놓고 그릴 때보다 다양한 기법을 시도할 수 있기도 하다. 하지만, 내가 이젤을 들고 다니는 가장 중요한 이유는 그림을 그리는 공간이 아이에게 늘 스페셜한 공간으로 느껴지길 바랬기 때문이다. 그림을 그리려고 앉았을 때 내가 화가가 된 것 같은 기분을 느끼며 조금 더 재미있는 생각들을 자유롭게 할 수 있는 분위기를 만들어주고 싶었다. 아이의 놀

이활동에 하나씩 재밌는 장치들을 만들어 두면 아이는 그 시간을 더 기다리고 즐길 수 있을 것이다.

사진을 찍는 것과 그림을 그리는 것은 무엇이 다를까? 우리가 간직하고 싶은 순간을 사진으로 찍으면 나중에라도 가능한 한 있는 그대로의 그 장면을 기억할 수 있다. 그림은 사진처럼 있는 그대로의 순간을 담아내는 데는 한계가 있지만, 그 순간의 나의 감정이 담겨있다. 그림을 그린다는 것은 대상을 잘 관찰해야 한다는 뜻이다. 벚꽃시즌에 캠핑장에서 벚꽃나무길을 그려본 적이 있다. 우리 눈에는 안보이는 저 멀리에 강을 그리길래 "강은 안 보이는데?" 하고 물어보니 저 쪽에 산책을 하러 갔을 때 둑 밑으로 엄청 큰 강이 흐르고 있는 것을 보았다는 것이다. 아이는 지금 여기서는 보이지 않지만 저 너머에 강이 흐르고 있다는 것을 알고 있고, 그걸 그림에 담고 싶었던 것 같다. 사진으로 찍었다면 나오지 않았을 강이 아이의 그림에는 존재한다는 것이 참 재미있었다. 연필도 겨우 쥐던 시절에 개구리라고 그린 동그라미 그림에는 몸의 반을 차지하는 두 눈이 붙어있었다. 아이가 느끼는 개구리는 눈이 그렇게 큰 동물이었기 때문이다. 아이들은 아주 어릴 때부터 이미 사물을 관찰해서 흥미 있게 다가온 부분을 특징으로 잡아내서 그려내는 신비한 능력을 가지고 있다.

자연을 그리기 위해서는 관찰해야 한다. 그리고 관찰하다 보면 사소하게 지나갔을지도 모를 특징들을 '발견'하게 된다. 연못이 가운데 있고 산으로 둘러 쌓인 캠핑장에 간 적이 있는데 아름다운 풍경을 아이와 담아 보기로 했다. 그런데 연못 주위를 병풍처럼 둘러싸고 있는 산과 연못에 비친 산을 대칭으로 그려 반영이 된 것을 표현하더니, 연못에 비친 산은 진짜 산보다 연한 그린으로 칠하기 시작했다. 풍경화를 그릴 때 필요한 화법들을 따로 알려주지 않아도 멀리 있는 산은 연하게 보이고 가까이 있는 산은 진하게 보인다는 것을 발견했기에 그려낼 수 있는 것이다.

유아기에 다양한 예술적 경험과 자극이 꼭 필요한 이유

잘 놀아본 아이가 잘 논다는 말이 있다. 유아기의 아이가 온 힘을 다해 이루어야 하는 일은 잘 노는 일이다. 잘 논다는 말은 그저 시간을 잘 보낸다는 의미가 아니다. 아이가 한 경험들이 자극이 되어 그 아이를 자라게 한다. 경험이 없다면, 그리고 그 경험에서의 느낌을 내 식으로 바꿔서 표현해볼 기회가 없이 저절로 자라지 못한다.

아이가 첼로를 스스로 선택하고 시작해서 자기의 제일 좋은 친구라며 꾸준히 연습해나가고 있는 것도, 음악회에 가서 자기가 아는 각 악기의 이름과 소리를 실제로 들으며 엄마에게 신나게 설명해주고, 클래식이나 오케스트라의 연주를 들으면 마음이 안정되고 편안해진다고 말하는 것은 음악에 대한 지속적이고 긍정적인 경험이 있기에 가능한 일이라고 생각한다. 그리고 이것은 음악에 국한된 것이 아니다. 왜냐하면 지금의 나라는 사람은 이전의 내 경험들이 모여 만들어진 결과물이기 때문이다. 아이가 만난 다양한 경험들이 서로 영향을 주며 아이의 예술적 감성을 자극하고 키워주게 되는 것이다.

꿈은 늘 경험과 연결된다. 오늘 만난 세상이 아이의 삶에 어떤 식으로 영향을 줄지 아무도 모르기에, 더 열심히 찾아주고 경험하게 해주고 싶은 마음이다. 예술적 감성을 키워주기 위한 경험이 꼭 대공연장의 웅장한 오케스트라 공연이나 호두까기 인형 발레공연을 보러 가야 하는 것이 아니다. 아이의 생활공간 속에는 이미 다양한 예술 영역들이 숨쉬고 있다. 그것을 아이가 가까이에서 경험하고 영유할 수 있다면 예술적 감성은 아이의 내면에서 자연스럽게 성장해 나갈 수 있을 것이다.

예술적 감성은 예술 작품을 더 깊이 이해하고 감상할 수 있는 능력이 있는 사람이지만, 나아가 일상적인 사고를 확장하고 같은 문제를 다양한 관점에서 이해하고 해석하는 능력도 높다. 왜냐하면, 예술적 감성은 창의성, 상상력, 인지적 유연성을 촉진할 수 있는 다양한 시각을 갖게 해주기 때문이다. 이는 주어진 문제를 다양한 각도에서 볼 수 있는 사람이 결국 창의적이고 풍부한 해결책을 도출할 가능성이 높다는 것을 의미한다. 바로 우리가 미래를 살아갈 우리 아이들에게 예술적 감성을 키워주는 교육에 신경 써야 하는 이유이다.

엄마랑
예술놀이 하자!

엄마 예술가, 놀이전문가로 놀이육아를
기록하며 엄마표 놀이와 육아에 대해 엄마들과 소통하고 있다.

장서연
엄마 예술가, 놀이전문가

두 아이의 엄마이자 인스타그램 토닥토닥맘으로 놀이육아를
기록하며 엄마표 놀이와 육아에 대해 엄마들과 소통하고 있다.
연세대학교 어린이생활지도연구원 교사를 지냈고 '토닥토닥맘
놀이육아 바이블' 책을 출간한 저자이다.

안전포장지 이용해 물감놀이 하기

"우와! 택배왔다!"

집에 택배가 배달오면 우리 집은 항상 머리를 맞대고 앉아 상자를 뜯습니다. 배달이 온 물건도 기다리지만, 포장재료들로 놀이할 생각에 아이들은 더 신이 납니다.

"엄마! 난 이걸로 놀이할래!"

오늘은 물건을 감싸고 있던 안전포장지를 골랐어요. 손가락으로 하나씩 톡톡 터뜨리기도 하고, 그 위에 올라가 쿵쿵 발로 걸어보기도 하고요. 한참을 터트리며 놀이를 했어요.

"엄마! 여기에 물감 묻혀볼까?"

몸을 이용해 안전포장지를 터뜨리다 물감을 찍어보고 싶다는 아이들의 이야기에, 안전포장지를 박스지에 붙인 후 모양을 만들어 잘라주었어요. 그리고 쉽게 잡을 수 있도록 병뚜껑으로 손잡이도 달아주었어요. 플라스틱 재활용품 용기에 물감을 색색깔로 짜주고, 그 위에 도장 문질러 박스에 쿵쿵 찍어보더니 "우와~무지개 하트야! 무지개 도장이야!" 라며 좋아했고, 박

스지에 가득 채우고 그것도 모자라 갈포지를 펼치고 가득 찍어냈답니다. 안전포장지에 물감을 묻히니 동그란 모양들이 찍혀 나오고, 작은 도장보다 훨씬 크고 선명하게 찍혀서 결과가 더 금방 눈에 보이고, 아이들도 더 만족스러워하는 얼굴이었어요. 열심히 찍은 도장은 벽에 붙여주어 오며 가며 잘 볼 수 있도록 전시해주었어요.

다음 날, 이 도장을 이용해 또 무얼 할 수 있을지 고민하다가 전지에 커다란 나무를 만들어 붙여주었어요. 나무는 택배 박스를 넓게 펼쳐 잘라주었고, 나무를 꾸밀 수 있도록 안전포장지로 만든 도장과 휴지심 끝부분을 잘라 펼친 것을 더 추가해주었어요.

"이 나무는 꽃도 없고, 나뭇잎도 없고 좀 쓸쓸해보이는데……" 아이들이 호기심을 갖도록 이야기를 꺼냈더니 "나는 꽃을 만들어 줄래!" "나는 나뭇잎도 만들어야지!" 서로 하고 싶은 것들을 이야기하면서 나무를 꾸며주게 되었답니다.

휴지심과 안전포장지를 이용한 도장으로 나뭇가지만 있던 나무를 풍성하게 꾸며주었고, 도장을 찍으며 "이건 오렌지 열매야.", "이건 블루베리야.", "이건 털이 난 꽃이야." 서로 본인의 작품에 대해 이야기를 하기도 했어요. "나뭇잎은 어떻게 만들지?" 라고 질문을 하자, "손바닥으로 찍자!" 손바닥에 물감을 묻혀 손바닥 나뭇잎을 만들기도 했답니다.

커다란 전지에 나무를 붙이고 꾸며주니, 책상에서 도장찍기만 했던 것보다

훨씬 더 많은 이야기를 하게 되었고 팔을 더 길게 뻗기도 하고, 자리를 바꾸어가며 꾸며보기도 하는 등 신체 움직임도 더 활발하게 일어나는 것을 경험하였습니다. 완성된 나무를 보며 "아까 쓸쓸해 하던 나무가 이제 기분이 어때보여?" 나무의 기분을 이야기 나누었어요. '아이들은 나무가 더 예뻐졌다.' '나무에 열매도 꽃도 많아져서 이제 쓸쓸하지 않을 것이다.' 등의 이야기를 하며 뿌듯해 했답니다. 우리가 완성한 나무는 집안 빈 벽에 잘 붙여주어 오며 가며 볼 수 있도록 잘 전시해 두었는데, 그 위에 색연필로 색을 더하거나 열매를 더 그려 넣기도 했어요. 이렇게 택배박스에 들어있던 안전포장지 하나로 시작하여 큰 나무를 꾸미는 놀이까지 이어졌는데요. 이러한 과정을 아이들과 함께 하면서 특별한 놀잇감이 아니더라도 아이들의 흥미에서 시작한다면 다양한 놀이가 가능하다는 것을 깨닫게 되었답니다.

나뭇잎으로 놀기

놀이터에 가거나 산에 가거나 아이들이 쉽게 만지고 관찰할 수 있는 나뭇잎이 많이 있어요. 특히 여름이 되면 나뭇잎이 크고 단단해져서 놀이로 활용하기에 적당해집니다. 아이들이 자연과 친해지고 관심을 갖게 하려면 자주 경험하고 관심 가질 수 있는 질문들을 해주는 것이 좋은데요. 그래서 아이의 시선이 나뭇잎을 향한다면 "우와, 나뭇잎이 엄청 커졌다!" "이 나뭇잎은 뾰족뾰족 모양이 뾰족하네!"와 같이 호기심을 지속할 수 있도록 반응을 해주었어요. 엄마의 이런 반응은 아이들이 자연에 더 오래 시선을 머물게 만들어주고, 관심을 지속하도록 도와주게 되었답니다. 그래서 다양한 모양의 나뭇잎, 그리고 만져보았을 때의 다양한 느낌 등에 대해 관심을 갖고 관찰력도 키울 수 있었어요.

이러한 나뭇잎에 대한 관심을 '어떻게 하면 더 재밌게 연결해줄 수 있을까?' 고민하다가, 나뭇잎에 그림을 그려보기로 했어요. 종이에 그릴 수 있는 색연필은 나뭇잎에 잘 보이지 않을 것 같아서 물백묵을 생각했고, 아이들과 산책에 나갈 때 챙겨가 보았어요. 숲에 간 그날도 아이들은 여전히 나뭇잎 모양에 관심을 보였고, 물고기 모양, 손가락 모양 등 나뭇잎에 이름을 붙여가며 모으게 되었어요. 그렇게 하나 둘 모은 나뭇잎 위에 내가 생각했던 모양을 그림으로 표현해보았어요.

나뭇잎에 그림을 그리다보니, 아이들은 물감이 필요

하다는 의견을 내어 놓았고, 다음 산책에서는 물감을 챙겨오기로 약속을 하게 되었어요.

약속한대로 다음 외출할 때에는 고체물감과 도화지를 챙겨갔는데요, 나뭇잎에 물감을 칠한 후 도화지에 찍어보며 나뭇잎 도장찍기 놀이를 하게 되었어요. 아이들이 스스로 필요한 재료를 이야기하고 어떤 놀이를 할지 계획 한 날은 확실히 더 오래 집중하는 모습을 보이는데요, 이 날도 역시 아이들의 요구로 인해 시작된 놀이가 오래 지속되었어요. 넉넉히 챙겨간 도화지가 모자를 정도로 찍고 또 찍고 반복하며 놀이하였고, 점차 다양한 색을 사용하고, 무지개 색을 만들어 찍는 등 더 숙달되어가는 모습을 볼 수 있었답니다.

다 찍은 도화지를 말리며, 스스로 찍은 나뭇잎 모양에 대해 이야기를 나누었는데요, 나뭇잎 모양뿐 아니라 잎맥의 모양들까지 찍혀나와 줄기와 잎, 그리고 잎맥에 대한 이야기도 나누었어요. 또 무지개 색깔, 민트색깔 등등 어떤 색들을 섞어 만든 색인지 서로 이야기를 나누며 관찰하게 되었답니다.

실외에서는 주운 나뭇잎에 그림을 그리고, 물감을 칠해보면서 그 자리에서 바로 호기심이 놀이로 연결되도록 도와주었고, 집에 들어 온 후에도 그 관심을 지속하게 하고 싶어서, 집에 있는 나무의 나뭇잎을 좀 더 자세히 보기도 하고 나뭇잎 그림책을 보며 잎맥, 줄기와 같은 명칭들에 대해서도 알아보았어요.

이 후, 나뭇잎을 이용한 바느질 놀이도 해보았어요. 크고 두꺼운 나뭇잎에 펀치로 구멍을 뚫고 실과 바늘을 통과시켜 바느질을 하는 놀이인데, 예전에 박스지에 많이 연습해 본 적이 있어서 어떻게 하는지 방법은 쉽게 찾아낸 아이들이었어요. 그런데 나뭇잎은 박스지보다 잘 찢어져서 힘을 잘 조절해야 했고, 어떻게 하면 나뭇잎을 찢지 않고 끝까지 완성할 수 있을지 고민하게 되었어요. 바늘을 조심히 빼고, 줄을 잡아당길 때에도 최대한 조심조심 신중한 모습을 보이며 놀이에 참여했어요. 이러한 과정을 통해 어떻게 하면 문제를 해결해 낼 수 있을지 생각하게 되었고, 신체를 더 조절하면서 소근육발달에도 도움이 되었어요.

나뭇잎을 관찰하면서 '잎맥'이라는 단어를 알게 되었고, 그 이후 나뭇잎을 볼 때마다 "잎맥이 어떻게 생겼지?", "물이 이 길로 지나가는 거지?" 와 같은 질문을 하고 궁금해서, 잎맥이 잘 보이도록 점토에 찍어보기로 했어요. 잎맥을 그냥 관찰하는 것도 좋지만, 점토에 찍어보니 그 모양이 훨씬 눈에 잘 들어오고, 또 물감을 묻히지 않아도 그 모양이 그대로 찍힌다는 것에 매우 신기해했어요. "엄마! 물감을 안 묻혀도 모양이 찍히는데?" 신이 나서 이야기를 하던 아이들이었어요.

나뭇잎의 다양한 모양에서 시작된 관심을 지속시켜주기 위해 나뭇잎에 그림 그리기, 물감 찍어보기, 바느질하기, 점토에 찍어보기 등 다양한 영역의 놀이를 소개하고 도움을 주었습니다. 이렇게 한가지 관심을 가지고 다양한 영역의 놀이를 통해 아이들의 발달을 도울 수 있어서 좋은 경험이었으며, 아이들도 한 가지 주제에 대해 탐구하고 흥미를 지속해보는 의미있는 시간을 갖게 되었습니다.

잠자리 만들기

그림책을 보는데 그림책에 나온 내용이 집에 있는 물건들을 이용해 잠자리를 만들었다는 이야기였어요. 그 페이지를 보면서 "엄마, 나도 잠자리 만들고 싶어." 라고 이야기를 했고, "그래? 그럼 어떤 걸로 만들 수 있을까? 그림책에는 연필로 만들었던데... 우리는 무엇으로 만들 수 있을까?" 질문을 했어요. 그러자 만들기 재료들을 둘러보면서 필요한 것들을 챙겨왔어요. "나는 연필 대신 여기 막대기로 할 거야. 눈 스티커도 필요하고 날개는 어떻게 하지? 날개는 비닐 같은 거 그게 필요한데?" 라고 이야기를 해서 "날개로 쓸 수 있는 비닐은 엄마가 찾아볼게, 이건 어때?" 그렇게 이야기를 나누며 필요한 재료들을 모아보았어.

어느 정도 준비가 되어 준비물을 챙기고 상에 앉아 어떤 잠자리를 만들고 싶은지 이야기를 나누었어요. "어떤 잠자리를 만들고 싶은 거야?" 엄마가 묻자 아이가 대답하기를 "엄마, 나는 무지개 잠자리가 필요해. 무지개 잠자리는 날개가 무지개 색이야. 그래서 하늘을 날면 무지개가 뜬 것처럼 그렇게 보이는 잠자리야." 아이스크림 막대에 잠자리 눈을 붙이고 투명날개를 붙인 후 날개를 색칠하고 잠자리 몸도 꾸며주었어요. 잠자리는 곤충이라 다리도 있고 날개도 있다는 이야기, 그리고 잠자리의 눈은 옆에까지 다 볼 수 있다는 이야기 등... 아이가 알고 있던 잠자리에 대한 정보를 이야기하며 만들기를 하였어요.

잠자리가 완성될 즈음, 잠자리는 어디에서 살까? 에

대한 생각을 해보았고,　　　　　　　　　잠자리를 만들었
으니 잠자리 집도 지어야겠　　　　　　다고 이야기를 했어요.
"잠자리 집은 무엇으로 만들지?" 했더니 블록들을 꺼내서 잠자리 집을 만
들었는데, 잠자리는 숲 속에 살아서 연두색 블록으로 집을 지어 주어야 한
다고 연두색 블록을 잠자리 집이라고 만들어 주었어요. 이렇게 잠자리 만
들기에서 잠자리 집을 구성하는 놀이까지 연결이 되었어요.
"잠자리야~여기가 침대야. 여기 누워서 좀 쉬어."
"여기 옆은 달팽이 집이야. 달팽이 집에 놀러와도 돼."
"나는 배가 고파서 먹이를 좀 구해올게."
등등 잠자리가 되어 역할놀이를 시작했어요. 잠자리가 사는 집, 친구인 달
팽이가 사는 집 등을 구성하고 잠자리가 여행을 다니는 상상놀이를 하게
되었답니다.
책을 보다가 나도 잠자리를 만들어보고 싶다는 마음을 표현하였고, 그 흥
미를 지속시키기 위해 필요한 재료를 찾고, 어떤 모양으로 만들지 생각하
고, 완성된 잠자리의 집을 만들기 위해 블록으로 구성도 하고, 또 이야기를
지어가며 상상놀이까지 다양하게 놀이가 연결되어 즐거
운 놀이시간을 보냈어요. 이후 잠자리를 매우 소중히
챙기고 놀이터에 갈 때도 가지고 나가서 밖에서 잠자
리를 들고 달려보기도 했어요. 잠자리를 손에 들고
달리니 날개가 움직여 마치 잠자리도 날아가는 것처

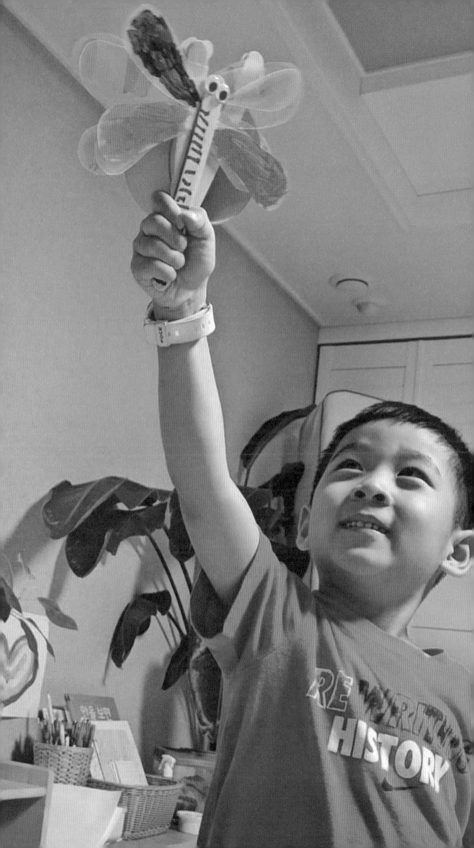

럼 보였고, 아이도 더 즐거워했던 놀이였습니다.

택배박스로 기차만들기

유난히 택배가 많이 와서 상자가 쌓였던 날, 아이가 현관앞에 쌓인 택배박스를 보고 "엄마! 이거 버리지 마! 난 이걸로 긴 기차를 만들꺼야!" 라고 이야기를 했어요. 이렇게 아이가 스스로 하고자 하는 것을 분명히 이야기하면 그 놀이는 더 집중해서 하는 것을 알기에 아이 의견을 따라 도와주려고 합니다. 기차를 만든다고 해서 상자의 윗부분을 칼로 잘라내어 주었고, 밑부분은 한번 닦아 거실에서 놀이할 수 있도록 해 주었어요.

"기차를 어떻게 만들어볼까?" 아이 스스로 생각할 수 있도록 질문해 주었더니, "상자를 길게 붙여야해. 길게 붙여서 KTX를 만들꺼야!" 라고 이야기 했어요. 어떤 모양으로 만들지를 계획하고 거기에 필요한 재료들(테이프, 펜 등)을 챙기고 먼저 상자를 길게 이어 붙였어요. 그리고 가장 앞부분은 뾰족하게 생겼다고 고민을 하더라구요. "어떻게 하면 앞을 뾰족하게 만들 수 있을까?" 같이 방법을 생각해보았는데, 박스지 2개를 뾰족하게 붙여 앞부분을 완성했어요.

상자를 길게 붙이고 앞부분도 뾰족하게 만드니 기차가 거의 완성되어 보

였어요. 거기에 아이가 좀 더 참여할 수 있는 것이 뭐가 있을까? 생각해보다가 "근데 어떤 기차인지, 기차 이름이 적혀있어야 하는데, 이 기차 이름은 어디에 붙일까?" 라고 기차이름을 붙일 것을 제안하였어요. "맞아! 이 기차는 KTX 산천이야! 내가 KTX를 쓸게. 엄마가 산천이라고 적어줘." 평소라면 글자를 쓰겠다고 먼저 이야기하지 않을텐데, 놀면서 필요한 것이 생기니 글자도 신나서 적어보았어요. 이름표도 만들고, 또 칸마다 번호도 붙여서 몇 번 기차인지 표시를 하기도 했어요. 이 놀이를 하기 얼마 전 실제로 KTX를 타본 적이 있어서 그때 보았던 이름, 그리고 칸마다 번호가 있었다는 것을 알고 있었고, 그러한 경험들을 놀이로 잘 표현하는 모습이었어요.

기차를 다 만든 후 매우 뿌듯한 얼굴로 운전하는 운전사가 되기로 했어요. "이번역은 천안아산 역입니다. 내리실 분은 내려주시기 바랍니다." 이렇게 안내방송도 하고, 또 동물친구들, 누나들도 태워주며 각자 원하는 장소에 내려주었답니다. "어서오세요. 저는 3번표를 샀는데 3번 자리는 어디인가요?" 자리를 묻는 손님에게 자리를 안내하기도 하고, 안내방송을 통해 이 기차가 어디로 가고 있는지도 알려주기도 했답니다. 누나도 태워주고, 동물친구들도 태워주면서 원하는 곳까지 모셔다 드리는 KTX 놀이였답니다. 다음 날은, 만들어 둔 기차에 색종이를 붙여 알록달록 기차책에서 보았던

무지개 기차를 만들고 싶다고 하여, 색종이와 풀을 준비하고 기차를 더욱 눈에 잘 띄게 만들어 주었어요. 그리고 기차가 지나갈 때에는 옆에 건물들도 보여야 한다고, 블록을 꺼내 동네를 구성, 큰 빌딩도 잘 보이도록 만들어 주었답니다.

유아들을 위한 놀이를 구상하는 과정에서는 창의력과 색다른 방향의 접근이 필요하다. 그러나 우리는 이미 어른이 되어버렸으며 유아의 시선에서 할 수 있는 무한한 창의력과 새로운 방향에서의 시선을 유지하기란 매우 힘든 일이다.

우리는 평상시에 창의력과 색다른 시선을 견지하고 있는 사람들의 의견을 필요로 한다. 평소 예술작품을 만드는 예술가들의 경우가 바로 좋은 예시이다. 예술가들은 새로운 이미지, 새로운 글을 만들어내기 위해서 항상 창의력을 발휘해야하며 일반적인 직업을 지닌 사람들 보다 색다른 접근을 통해 유아들의 놀이를 만들어 낼 수 있다.

따라서 이 다음의 글들을 통해 우리는 예술가들은 어떤 방식으로 유아들에게 놀이를 선사하고 있는지, 그리고 새로운 방식의 놀이를 어떻게 유아들이 받아들였는지를 알아본다.

3

예술가가
들려주는
일상을
다르게 보기

예술로 일상을
다르게 바라보기

예술놀이를 시작하는 가족(엄마와 아빠)의 관점 바꾸기

예정원
풀풀

《아이대화》 작가, 독립기획자이다. 국내 외 다양한 현장에서 매개자와 참여자를 만나고 있다. 10대들의 이야기를 담은 〈우리들의 인생 45분〉, 〈미스터리 드로잉〉, 〈어린이사진관〉 프로젝트 기획자이며, 아이 철학자들과 〈7살 봉지놀이 개발실〉, 〈표현의 쏨쏨이〉, 〈섬의꼴〉, 〈아이대화〉 등을 통해 예술활동과 문화예술교육 실험활동을 이어가고 있다. 현재 한국 영상자료원, 한국영화박물관 〈빛그림 극장놀이터〉, 과학책방 갈다와 〈달달한 그래픽 노블〉 프로젝트로 아이들을 만나고 있다.

"모든 아이들은 예술가다.

문제는 어른이 된 후에도 남을 수 있게 하느냐는 것이다."

Every child is an artist.

The problem is how to remain an artist once he grows up.

- 파블로 피카소 (Pablo Picasso)-

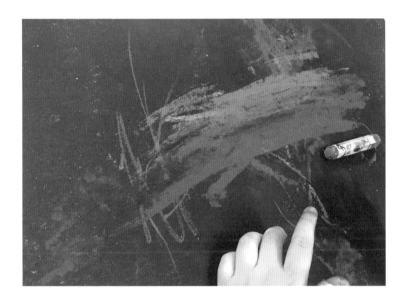

어릴 때 우리의 모습을 한번 상상해 본다면, 우린 어떤 아이였을까?

지금 우리 앞에 있는 우리의 아이들처럼 어린 시절 우린 누구나 세상을 남다른 시선으로 바라보고 마주하며 엉뚱한 질문도 서슴없이 던지는가 하면 언제 어디서든 흥얼거리며 노래를 부르고 춤을 추고 그림을 그리고 만들어가던 아이들이었습니다. 그러나, 언젠가부터 그런 남다른 혹은 특별함이라는 예술성은 사라져가고 예술이라는 미지의 영역과 거리두기를 한 듯 멀리서 동경을 하곤 합니다. 행위자가 아닌 수용자로서 말이죠. 예술은 미지의 영역이 아닌, 바로 지금 여기 우리 일상 속에 함께 머물고 있다는 걸 알면서도 우린 먼 곳에서 바라보고 있습니다. 이처럼 예술이 익숙했던 시기 우린 예술을 어떤 의미로 받아들이고 행위의 주체가 되었을까?에 대한 질문을 던진다면 '놀이'라는 단어를 뺄 수 없을 것입니다. 친구들과 역할을 정해 놀이를 하는가 하면 엄마의 화장품으로 자신의 얼굴에 그림을 그리는가 하면, 손에 쥐어지는 모든 재료로 집 안과 밖 곳곳을 누비며 그림을 그리고 여러 가지 도구로 자르고 만들고 입어보며 흥얼거리며 춤을 추는 행위를 우린 장난 혹은 놀이이며 예술이라고 합니다.

예술은 곧 하나의 놀이인 것입니다.

그렇다면 우린 지금부터 예술을 어떤 방식으로 바라보고 아이들과 예술로 일상을 다르게 바라볼 수 있을까요? 아이들과 일상 속 예술로 대화를 한다면 어떤 일들이 일어날까요? 그리고 우린 그 안에서 무엇을 찾고 어떻게 이어갈 수 있을까에 대한 이야기를 나눠보고자 합니다. 먼저~ 우리가 알고 있던 것들의 관점을 조금만 달리 생각한다면?
어떤 이야기를 우린 아이들과 이야기 나눌 수 있을까요?
사과를 예를 들어, 사과로 보지 않는다면 우린 무엇이라고 말할 수 있을까요?

나는 누구일까요?

백설공주의 사과, 초록 혹은 빨간 사과, 사과 머리를 한 친구, 잘라진 사과 반쪽, 사과를 닮은 감, 뉴턴의 사과 혹은 스티브 잡스, Think different 그 어떤 것도 틀린 답은 없죠? 예술은 규정되어지지도 않고 어떤 하나의 단어로만 존재하지 않은 채 다양한 의미로 연상되어집니다. 어떤 유명 예술가이자 철학자는 우리가 자라나면서부터 언어를 배우고 습득하며 대상을 규정짓기 시작한다고 합니다. 우리 주변의 대상을 있는 그대로의 모습이 아닌 조금은 다른 방식과 관점으로 아이들과 이야기 나눈다면, 분명 우리 아이들의 다양한 상상력과 생각, 관심사와 관점을 나누는 기쁨을 발견할 수 있습니다. 그런 일상 속 우리가 마주하는 대상과 아이들의 상상 그리고 예술가의 질문을 따라 함께 나눠가다 보면 재미난 예술활동들로 이어져 갈 수 있답니다.

오래전, 어느 한 아침 라디오에서 들었던 사연 중 이런 이야기가 있었습니다. 어느 바람이 세차게 불던 오후, 아이가 집으로 들어와 엄마에게 하는 말이 '나 오늘 이겼어~ 바람을 이겨내고 왔어!' 라고요, 그 말을 들은 엄마는 '뭐라고? 너 괜찮아?'라며 발그레진 두 볼과 헝크러진 머리 그리고 아이의 허리까지 내려온 두꺼운 외투를 보고선 아이의 엉뚱함에 웃음이 터졌다고 합니다. 그런데, 그때 그 사연을 읽어 준 음악가는 '정말 멋진 아이군

우리가 알고 있는 바람은 어떤 모양과 모습일까요?

요, 바람을 이길 줄 아는 법을 터득하다니, 이 아인 뭐든 잘 이겨내고 헤쳐
나갈 아이 같아요.'라고 말을 이었습니다. 사연을 읽은 음악가는 조금 다른
관점이라는 아이 삶의 관점에서 해석했습니다. 그렇다면 아이들과 만나는
예술가들은 어떤 이야기를 던질까요? 바람의 세기는 어땠어? 고집쟁이였
어? 색이나 소리, 움직임 그리고 모양은 어떤 모습이었을까? 정말 멋지구
나! 라고 이야기를 하며 그것을 시각화하거나 움직임 혹은 소리와 그때 그
상황을 재현하며 다양한 예술적 활동으로 이어갈 것입니다.

그리고 위의 사연이 기억 속에 가물가물해진 어느 날, 비슷한 일이 우리에
게도 일어났습니다. 바람이 많이 부는 바닷가 마을 어느 동네에 구름들이
바람을 타고 빠르게 이동하는 모습을 보며, 아이들과 바람을 잡으러 나섰
습니다. 그날로부터 6~7세 아이들이 만든 <봉지놀이 개발실>은 그렇게 아
이들의 물음표와 예술가의 느낌표, 그리고 다시 예술가의 물음표와 아이들
의 느낌표들이 오가는 다양한 실험활동이 시작되었습니다.

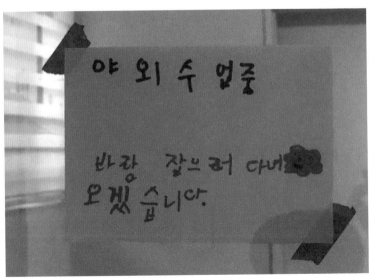

바람으로 시작된 아이들과 예술가의 <봉지놀이 개발실>

아이: 눈에 보이지 않지만 느껴지는건 뭔지 알아요? 바람이에요!

풀풀: 멋지다! 바람을 눈으로 손으로 만질 수 있다면 좋겠어~

아이: 바람은 한순간도 그대로 있지 않아! 계속 움직이고 변해!

풀풀: 바람의 형태는 어떤 모양일까? 색도 갖고 있을까?

아이: 응! 색도 모양도 움직임도 다양해요~

풀풀: 어떤 냄새가 나는지도 궁금해~

아이: 저번에 바람이 춤추는 걸 봤었어! 그때 바다향도 났어~

풀풀: 파도 바람인가? 나두 그런 바람을 만나보고 싶다!

아이: 봉지에 담아와요 우리! 담아서 보여줄게요!!!

아이들의 이야기에 예술가의 질문과 일상의 재료 그리고 도구가 함께하는 순간, 다양한 활동이 스스럼없이 이루어졌습니다. 쓸모없던 봉지들을 하나 둘씩 펼쳐 바람과 마주하는 순간, 여러가지 형태와 움직임이 이루어졌습니다. 아이들은 이내, 바람을 잡기 시작하며 자신의 모든 감각을 자연에 의지하며 탐구하기 시작했습니다. 그리고 다양하게 바람을 따라 움

바람을 따라 함께 움직이거나 날라오는 친구들, 어떤 것들이 있을까요?

바람과 마주하면 어떤일이 벌어질까요? 바람주머니로 대결을 벌이는 아이들

직임을 구현하기 시작했습니다. 바람의 흐름과 모양을 찾아가는가 하면, 바람의 속도에 맞춰가기, 친구들과 바람과 맞서기 그리고 바람에 따라 춤을 추는가 하면 바람을 따라 날아온 재료들을 관찰하는 등 다양한 활동으로 이루어졌습니다. 그런 다양한 활동 속에서 예술가는 바람이 들려주는 소리, 바람의 세기와 모양, 방향 그리고 그에 따라 움직이는 주변의 모습들을 함께 이야기 나눕니다. 나무와 풀의 움직임, 새의 날갯짓, 구름의 흐름, 빛의 굴절 등 다양한 이야기로 아이들의 호기심에 질문을 던지자, 아이들이 활동에 대한 질문을 던지기 시작했습니다.

아이들은 스스로 자신의 놀이를 설계하기 시작했습니다. 그렇다면 우리에게 필요한 것은 무엇일까? 단순히 놀이를 넘어 봉지와 바람의 원리를 이야기 나누며 아이들이 예술가와 함께 예술놀이를 만들어 갔습니다. 바람을 뚫고 우리 서로 부딪혀 보기! 아이들은 바람의 흐름을 타며 친구들과 맞서는 놀이로 전환되기 시작한 것입니다.

바라만 보던 바람을 마주하고서 우린 어떤 이야기를 나눌 수 있을까요?

단순히 놀이를 넘어 아이들과 마주했던 바람의 이야기를 나누며 각자가 탐구하고 탐색한 바람은 각양각색의 이야기로 이어졌습니다.
이야기로 표현하기 힘들면 몸으로, 혼자서 표현하기 힘든 동작은 함께 해볼까? 라는 이야기에 아이들은 다양하게 풀어가기 시작했습니다.
예술활동이 가져다 주는 즐거움은 아이들의 목소리가 드러나기 시작하면서 라고 생각합니다. 그 목소리가 크던 작던 아이들은 자신의 이야기를 들려줍니다. 그런 엉뚱한 질문과 이야기일지라도 조금만 귀 기울여 주세요. 아이들의 상상은 현실이 되어갑니다. 나는 예술과는 거리가 먼데 어쩌지? 라는 어른들이라면 걱정하지 마세요. 답은 항상 아이들에게 있습니다. 그러니, 조금 더 아이들이 설계하고 만들어갈 수 있도록 시간과 생각을 내어주세요. <봉지놀이 개발실>도 그렇게 시작하여 변화하기 시작했습니다.

바람이 언제 오는지 예측할 수 있다면? 이라는 자신들만의 이야기로 '바람을 탐색하는 망원경을 만들어야겠어'라며 탐색을 위한 도구를 제작하며 바람을 찾아 탐험을 시작하는가 하면, 바람에 잘 맞서기 위한 의복을 제작하며 자신들만의 역할 놀이로 이어갑니다. 이때, 어른과 예술가는 가르치지 않습니다. 아이들과 함께 같은 관점과 눈높이로 제안을 하고 함께 이 예술놀이 활동의 구성원이 됩니다.

오늘 내가 마주친 바람의 모양과 형태를
비닐봉지, 종이, 천 또는 이불로 만들어 본다면?

우리가 놀이에 심취해 재미있게 놀았던 적이 언제였던가요? 아! 여기서 어른들의 놀이 혹은 게임을 이야기 하는 것은 아닙니다. 그렇게 한번 아이들이 되어 아이들과 함께 탐구하고 탐색하며 예술과 놀이를 즐긴다면 우리들은 각자의 일상에서 어떤 발견들로 이어갈까요? 그렇게 <봉지놀이 개발실>은 바람으로부터 봉지 그리고 아이들의 이야기와 상상이라는 예술놀이를 통해 다양한 방식으로 가지를 치고 이어가기 시작했습니다.

일상 속에서 우리가 마주하는 수많은 대상(사물과 사람, 풍경, 날씨, 도구)을 조금은 다른 관점으로 생각하고 활용한다면 우리 아이들과 함께 나눌 수 있는 이야기와 놀이는 항상 곳곳에 있다고 생각합니다. 여기서 어른들이 할 것은 어른들의 관점에서 바라보는 좋은 도구와 재료 그리고 방법이 아닌 무엇이든 함께 할 수 있는 열린 과정과 열린 결말로 예술을 조금 즐길 줄 아는 어른이 되어주면 된다는 것입니다. <봉지놀이 개발실>에선 6~7세 아이들이 자신들의 공간에 대한 생각과 제안을 하곤합니다. 벽에 낙서를 하고 싶지만, 엄마에게 혼날 것 같아 어떻게하면 좋을까? 하는 아이들과는 봉지와 비닐을 활용해 투명 낙서장을 만들어 우리들만의 아지트 즉 비밀 공간을 만들기도 합니다.

아이들의 이야기로부터 시작된 <봉지놀이 개발실>은 5년이 지난 지금 현재도 팝업 클래스로 운영중입니다. 항상 아이들 곁에 머물며 아이들의 질문에 대한 예술가의 엉뚱한 도구와 이야기들로 마주합니다. 그 도구와 재료들은 일상 속에서 우리들이 마주하는 것들로 채워지니

다. 고등학생이 된 <봉지놀이 개발실>의 아이들은 그날의 그 활동이 가장 기억에 남는다고들 합니다. 이 아이들이 어른이 되면 어떤 일상의 즐거움을 찾아 갈까요? 우리 아이들의 삶은 어떻게 채워져 갈까요? 예술가로서 생각만해도 설레집니다.

호모루덴스 homo ludens 는 하위징아가 만든 말로 '놀이하는 인간' 혹은 '유희하는 인간'이란 뜻으로 놀이를 통해 인간은 사회를 형성하고 문화 활동을 즐길 수 있으며, 인간은 천성적으로 장난기 많은 생명체이고, 놀이를 통해 문화를 즐기고 문명을 발전시키는 존재라고 할 수 있습니다. 이러한 놀이엔 예술적 활동들이 함께 이루어집니다. 도구와 재료를 선택하고 탐구하며 탐색하여 어떤 환경 속에서 이미지로 혹은 움직임과 역할을 정해 이어갑니다.

이처럼 예술로서의 놀이란, 고비고비마다 그 한계를 넘어 다른 세계를 넘는 지점들이 있는데, 안되면 될 때까지 연습하면서 끈기와 인내심, 자신감, 긍정의 힘도 얻습니다. 그 안에서 시간가는 줄 모르는 몰입의 경험, 그 경

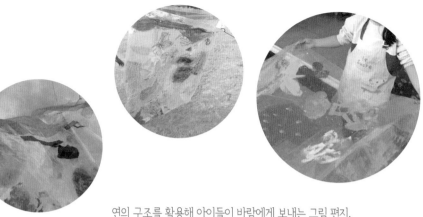

연의 구조를 활용해 아이들이 바람에게 보내는 그림 편지,
그리고 봄이 오던 날

힘들은 그렇게 우리 아이들이 살아갈 삶의 자잘한 근육으로 키워집니다.
그러한 삶의 근육을 문화예술교육을 통해 우리 일상을 다르게 바라보고
조금은 예술로 삶을 즐길줄 아는 아이들이 되었으면 합니다.

사물 속
표정이
건네는 말

이혜은
미디어 예술가

대학에서 인문학 전공을 하였고 2011년 부산시청자미디어센
터에서 미디어교육을 시작하여 현재 유아부터 중장년층까지
생애주기 맞춤형 미디어 교육을 진행하고 있다. 문화예술교육
진흥원(Arte) 예술꽃씨앗학교 뉴미디어아트교육 6년, 부처간
협력사업으로 지역아동센터에서 아동 대상 문화예술교육을 9
년 간 진행하였다. 인문학과 미디어 그리고 놀이를 연계하여 스
스로 생각하는 힘을 기르는 교육을 지향하고 있다.

우연히 발견한 표정이 아이에게 말을 걸 때

매일 아침 걷는 유치원 앞 풍경, 집 앞 골목 그리고 내 방의 모습 등 매일 변함없는 풍경이지만 가만히 관찰하다 보면 익숙했던 풍경이 새롭게 다가오는 순간이 있다. 골목이나 유치원 담벼락에서 아이는 얼룩이나 특정한 패턴을 발견하고 그 속에서 새로운 이야기를 상상하기도 한다. 얼룩을 발견하는 것은 우연이지만 아이가 어떤 의미를 부여하는 순간 또 하나의 생명이 있는 대상으로 다가오기도 한다.

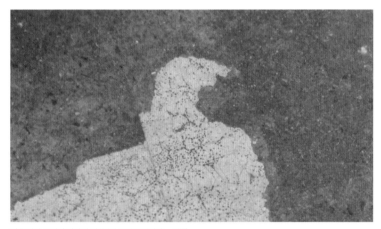

길을 가다 우연히 발견한 얼룩 (새 모양이 연상되는 얼룩)

길을 가다 우연히 발견한 얼룩 (돌멩이 속 하트 모양)

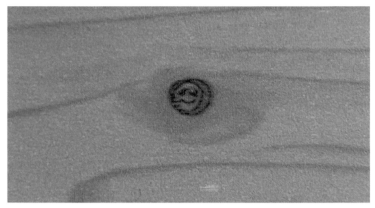

침대 나무 프레임에 숨겨진 웃는 표정

버려진 풍선 속 웃는 표정

어릴 적 내가 살던 주택에는 낡은 다락이 있었다. 부모님께 혼나고 다락으로 숨었던 날 오래된 나무 바닥에 불규칙적인 얼룩 속에서 나는 표정을 발견했다. 그 표정이 "괜찮아, 다음에 더 잘하면 되지" 하고 위로하는 것 같았다.

누구나 어릴 적 하늘 위에 떠있는 구름을 보며 "저 구름은 강아지 같아", "나를 보고 웃는 할아버지의 얼굴 같아" 라는 상상을 해본 적이 있을 것이다. 그런 현상을 '파레이돌리아 Pareidolia'● 라고 한다. 모호하고 연관성이 없는 현상이나 자극에서 일정한 패턴을 추출해 연관된 의미를 만들려는 심

● 두산백과, https://terms.naver.com/entry.naver?docId=1382203&cid=40942&categoryId=31531

리 현상을 나타내는 말이다.

특히 사물에서 눈 모양이나 입 모양과 비슷한 형상을 발견한다면 사람들은 그 대상을 표정이라 인식한다. 올해 초 화성에서 '곰돌이 푸' 얼굴이 발견되어 화제가 된 일이 있었다. NASA에서 찍은 화성 사진에는 곰의 얼굴을 연상하게 하는 모습이 찍혔다. 애리조나대 연구진은 공식 사회관계망서비스 ^{SNS}를 통해 "눈은 2개의 충돌구가 만들어지면서 생성된 것이고, 브이 ^{V}자 모양의 코는 표면 지형이 무너지면서 생긴 자국이다."라고 설명했다.● 또한 얼굴의 윤곽선은 충돌구 속에 퇴적물이 쌓이고 남은 부분이라 추정했다. 하지만 우리는 화성의 흔적을 보며 푸근하게 웃는 '곰돌이 푸'를 연상한다.

집안을 자세히 둘러보거나 골목을 걷다 잠시 멈추어 주변을 관찰하면 굉장히 다양한 사물의 표정을 찾을 수 있다. 영화 〈캐스트 어웨이 $^{Cast Away}$〉● ● 에서 조난된 주인공 '척 놀랜드 $^{톰 행크스 분}$'가 하얀 배구공에 찍힌 손바닥 자국에 눈·코·입을 그리고 '윌슨'이라는 이름을 부르기 시작하면서 친구가 되는 장면을 기억할 것이다. 얼룩이나 사물에서 우연히 찾은 얼굴은 또 하나의 대상이 되어 아이의 이야기를 들어주고 위로하는 친구가 될 수 있다. 식탁 위에 오래된 바나나를 반으로 갈라보니 바나나 속 검은 반점이 놀란 표정처럼 보일 때가 있다. 세탁물을 가득 머금은 세탁기의 표정은 혀를 낼름 내민 표정 같기도 하고, 울퉁불퉁 감자의 표면은 무언가 불만 가득한 표정 같아 보인다. 이런 표정을 우연히 발견했을 때 아이는 어떤 생각을 하게 될까?

"갑자기 반을 잘라서 바나나가 깜짝 놀랐나?", "세탁기가 빨래를 너무 많이 해서 힘든가봐.", "감자가 울상이네. 지금 내 마음과 비슷한 것 같아. 너도 나처럼 속상하니?" 이렇게 우연히 발견한 사물의 표정에서 아이는 마음

● 이정호 기자, 〈화성에 '곰돌이 푸' 얼굴이?...눈코입이 선명〉, 경향신문, 2023.01.30
●● 로버트 저메키스 Robert Zemeckis 감독, 미국, 2001.02.03. 개봉

누가 누가 신호를 어기는지 감시해볼까?

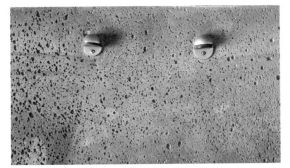

눈꺼풀이 너무 무거워 졸려.

내 선글라스 멋지지 않니?

메~롱! 약 오르지

을 떠올린다.

어느 날 길을 가다 버려진 낡은 오토바이를 발견했다. 자세히 보니 표정이 매우 지쳐 보인다.

이렇게 주변에서 우연히 표정을 발견했다면 아이에게 질문을 던져보자.

"오토바이는 어떤 표정을 짓고 있는 것 같아?"

"오토바이에게 어떤 일이 있었던 걸까?"

"오토바이를 위로하려면 어떻게 말해주면 좋을까?"

아이는 오토바이의 마음을 상상하며 마음껏 이야기를 지어낸다.

길을 걷다 낡은 오토바이 속 표정을 발견하고 사진을 찍었다.

오토바이는 지금 어떤 표정을 짓고 있나요?

"어렸을 때는 엄청 빨랐는데 지금은 낡아서 더 이상 달릴 수 없나 봐. 표정이 슬퍼 보여."

이렇게 아이와 질문을 주고받으면 아이는 때로는 엉뚱하고 재미있는 이야기를 지어내기도 한다. 아이의 이야기를 듣고 또 다른 질문을 던져보자.

"그럼 OO이도 오토바이처럼 슬플 때나 힘들었을 때가 있었어?"

아이는 사물과 같은 감정을 느꼈을 때를 회상하며 이야기를 시작한다.

"저번에 엄마 아빠랑 등산 갔을 때 다리가 아파 힘들었어요."

"동생이랑 나랑 같이 잘못했는데 나만 혼났을 때 억울했었어요."

과속방지턱 속 웃는 표정

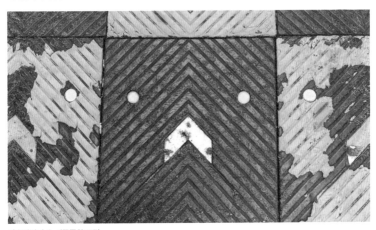

과속방지턱 속 시무룩한 표정

"내가 아끼던 쿠키를 아빠가 몽땅 먹어버렸을 때 속상했어요."

이렇게 사물의 표정을 통해 아이는 자신의 감정을 들여다보고 부모는 아이의 감정에 공감할 수 있다. 또 엄마, 아빠는 언제 이런 표정을 지었는지도 함께 이야기한다면 아이도 부모의 마음에 공감할 수 있지 않을까. 대화에서 그치지 않고 이런 이야기들을 모으고 기록하여 '우리 가족 마음 사전'을 만들어 보자. 가족들이 기억할 수 있는 좋은 추억이 되지 않을까. 이처럼 일상에서 유아와 쉽게 함께할 수 있는 예술놀이를 소개하고자 한다.

사물의 표정으로 나의 감정 읽기

이름 (윤서♡)

사진	나도 이런 표정을 지을 때가 있었나요?
 과속방지턱은 어떤 기분일까요? 신나요	가족들과 여행을 갈 때
 과속방지턱은 어떤 기분일까요? 속울해요	숨겨놓은 간식을 아빠가 먹어버렸을 때

'나는 언제 이런 기분이 들까요?'에 대한 아동의 답변

골목에서 숨은 얼굴 찾기

우리가 사물에서 우연히 표정을 발견할 때는 대부분 눈과 입을 발견할 때이다. 동양인은 눈으로 서양인은 입을 보며 감정을 읽는다는 말이 있다. 사물에서 우연히 발견한 눈 모양은 아이에게 또 다른 의미를 만든다. 익숙함에서 새로움을 찾는 가장 좋은 방법은 특정한 프레임틀을 만들어서 틀 속의 무언가를 자세히 관찰하는 것이다. 주변에서 눈·코·입을 찾기 어려운 경우에는 찾는 대상을 눈으로 한정시켜 종이 인형 프레임을 만들어 보자. '골목에서 숨은 얼굴 찾기'는 종이 인형 프레임을 이용해 주변에 숨어있는 눈을 찾아보는 놀이다.

'골목에서 숨은 얼굴 찾기' 종이 인형 프레임 만들기

- 준비물: 스마트폰, 두꺼운 A4용지(180g) 또는 8절 도화지, 가위, 사인펜

종이 인형 프레임 만드는 방법

① 두꺼운 도화지 절반에 사인펜으로 동그라미 또는 네모 얼굴형을 그린다.

② 사인펜으로 얼굴의 절반을 선으로 그린 뒤 아랫부분에 입과 코 모양을 그린다.

③ 인형의 몸과 손잡이를 그린 뒤 꾸며본다.

④ 가위로 종이 인형의 선을 따라 오린다. 이때, 종이 인형의 형태를 위해 선을 남겨주고 여유 있게 자르는 것이 좋다.

⑤ 눈 부분을 반으로 살짝 접은 뒤 가위를 이용해 세모로 자른다.

⑥ 가위로 나머지 눈 부분을 오려준다. 이때도 선을 두껍게 남겨주는 것이 좋다.

종이 인형 프레임 재료를 준비 한다.

눈을 제외한 인형의 얼굴을 그려준다.

인형의 몸을 꾸미고 손잡이를 만든다.

인형의 선을 남겨두며 잘라낸다.

가위로 눈 부분에 구멍을 내어 선을 따라 자른다.

짜잔! 종이 인형 완성

부엌 가위를 이용하여
웃는 눈이 완성되었다.

문고리가 눈썹을 길게
늘어뜨린 눈이 되었다.

반짝이는 조명이
인형의 눈이 되었다

음표 눈을 가진 인형,
매우 신나 보인다.

종이 인형이 완성되었다면 이제 인형과 스마트폰을 들고 집 안 구석구석을 관찰한다. 이때 스마트폰 카메라는 좋은 예술놀이 도구가 된다. 아이가 발견한 눈과 표정을 순간 포착하여 사진과 영상으로 남겨보자. 안방 한구석에 걸려있는 코트의 단추가 눈 모양처럼 보인다면 종이 인형을 대고 촬영해보자. 양쪽으로 달려있는 장롱 손잡이는 눈썹을 길게 늘어뜨린 눈처럼 보인다. 천장 조명을 찍으니 반짝이는 눈 모양이 되었다. 이렇게 집안 곳곳에 있는 물건들이 인형의 눈이 될 수 있다.

이제 아이와 함께 집 앞 골목으로 나서보자. 오래된 이야기를 품은 골목은 아이에게 보물창고가 된다. 높은 건물에 있는 창문도 인형의 눈이 될 수 있고, 예쁘게 피어난 꽃도 인형의 눈이 된다. 담벼락의 얼룩도, 떨어져 있는 낙엽도 그리고 튀어나와 있는 낡은 수도관도 인형의 눈이 될 수 있다. 이렇게 눈을 찾아 사진 촬영을 하다보면 익숙했던 풍경이 어느새 새로운 의미로 다가온다.

골목에서 종이 인형의 눈을 찾아 사진으로 찍어보자. 일상에서 새로움을 발견할 수 있다.

촬영이 끝났다면 집에서 골목에서 찍어온 사진과 영상을 함께 보며 아이와 이야기를 나눠보자.

"인형은 지금 어떤 마음인 것 같아?"

"인형은 누구 표정과 비슷할까?"

"이 인형의 눈은 축 처져 있어. 아빠랑 등산하고 힘든 내 얼굴 같아."

"이 눈은 무섭게 노려보고 있어. 마치 나에게 화를 내는 친구의 얼굴 같아."

아이와 스마트폰에 찍힌 장면을 보며 이야기를 나누고 난 뒤에는 아이의 생각을 기록으로 남겨보자. 스마트폰에서 쉽게 설치할 수 있는 무료 영상 편집 앱을 이용하여 사진과 영상에 글자^{자막}를 넣을 수 있다. 스마트폰 앱에서 제공하는 글꼴과 음악은 저작권 걱정 없이 마음껏 사용할 수 있다. 어플을 이용해 장면마다 어떤 눈인지 설명을 자막으로 넣어보기도 하고 사진과 영상을 연결하여 음악을 넣으면 색다른 작품이 탄생하기도 한다. 이렇게 아이의 상상력을 놓치지 않고 하나의 영상 작품으로 만들어 놓으면 두고두고 꺼내 볼 수 있는 소중한 추억이 된다.

'골목에서 숨은 얼굴 찾기' 놀이를 할 때 주의해야 할 것은 부모가 생각한 정답을 강요하거나 유도하지 않아야 한다는 것이다. 아이가 관찰하고 기록하는 시간을 가만히 지켜보고 기다려 주자. 아이가 열심히 무언가를 관찰할 때 부모가 정해진 답을 알려주면 아이는 금세 흥미를 잃어버린다. 아이의 시간은 부모의 시간과는 다르게 천천히 느리게 흘러간다. 아이가 스스로 질문하고 궁금증을 가질 때까지 기다리면 아이는 생각지도 못한 새로운 것을 발견할 것이다.

이렇게 무심코 지나치는 사물에서 새로운 표정을 찾으며 아이는 자신의 마음을 들여다보고 또 다른 이야기를 떠올린다. '골목에서 숨은 얼굴 찾기' 놀이를 통해 골목은 아이의 무한한 상상력을 펼치는 놀이터가 된다.

아이의 손바닥에 무엇을 담을 수 있을까?

그림책《은이의 손바닥》● 속 주인공 은이의 손 안에는 따스한 햇살이 비치기도 하고, 작은 씨앗이나 눈송이가 살포시 내려앉기도 한다. 우리 아이의 작은 손바닥 속에는 무엇을 담을 수 있을까? 아이와 함께 손바닥 프레임을 만들어 주변의 다양한 풍경을 관찰하고 사진으로 담아보자. 손바닥 프레임에는 아이가 원하는 무엇이든 담을 수 있다. 그 순간을 사진으로 기록해 보자.

'ㅇㅇ이의 손바닥' 프레임 놀이 방법

- 준비물: 스마트폰, 두꺼운 A4용지 또는 8절 도화지, 가위, 칼, 사인펜

손바닥 프레임 만드는 방법

① 두꺼운 도화지에 아이의 손을 대고 사인펜으로 손가락 라인을 따라 그린다.

② 엄마, 아빠가 가위나 칼을 이용해 손 모양을 잘라낸다.

이때 사인펜 자국을 완전히 자르는 것이 좋다.

③ 골목을 돌아다니며 손바닥 안에 다양한 풍경을 담아 스마트폰 카메라로 사진 촬영을 한다.

④ 사진을 이용하여 'ㅇㅇ이의 손바닥'이라는 영상 작품 또는 그림책을 만들어 본다.

아이와 함께 동네를 한 바퀴 돌며 손바닥 프레임 사진을 찍어보자. 아이의 작은 손안에는 무엇을 담을 수 있을까. 파란 가을 하늘을 담을 수도 있고, 빼곡한 아파트가 담기기도 한다. 부지런히 줄 맞춰 가는 개미들과 아른아른 햇살이 비치는 나뭇잎이 담겨있기도 하다. 아이스크림을 좋아하는 아이는 슈퍼 앞에 그려진 아이스크림을 손바닥에 가득 담았다.

손바닥에 담은 장면은 아이가 향하는 시선을 의미한다. 아이의 키는 부모보다 작기에 아이의 눈으로 보는 낮은 동네의 풍경이 손바닥 안에 고스란히

● 저자 윤여림, 그림 노인경, 웅진주니어, 2015.04.13

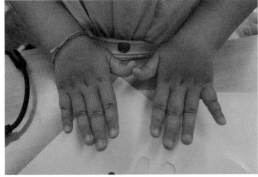

작고 귀여운 아이의 손

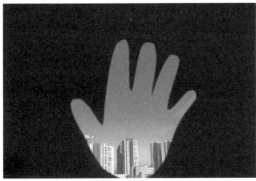

아이의 손 프레임에
동네 풍경을 담았다.

파란 가을 하늘이
아이의 손바닥 속에 담겼다.

아이의 시선으로 골목 풍경을
손바닥 안에 담는다.

담긴다. 그렇게 함께 사진을 찍다보면 평소에 지나다니는 골목길에 새로운 의미가 생기게 된다. 아이가 찍은 사진 속에는 수많은 풍경 중 아이가 선택한 장면, 그리고 좋아하는 것들이 담겨있다.

이처럼 예술이라는 것은 일상과 동떨어져 있지 않다. 아이에게 예술적인 경험을 주기 위해서 매번 미술관, 영화관, 문화공간을 찾아가기 지쳤다면, 일상에서 쉽게 즐길 수 있는 예술놀이를 해보자. 스마트폰, 종이, 가위 등 일상적인 재료로도 충분히 놀이를 즐길 수 있다. 그리고 놀이를 통해 온 가족이 함께 소통하는 시간을 가질 수 있다. 만약 아이가 종이 프레임을 이용해 익숙함에서 새로운 것을 찾기 시작했다면 이미 아이의 마음에서 예술이라는 작은 세포가 꿈틀거리고 있다는 증거가 아닐까.

4

아이와 함께 무엇을 할까요?

부모와 유아의
행복을
이어주는
예술놀이

김지윤
교육과 연극 드림아이

교육학박사로서 교육과 연극드림아이 대표이자, 대학에서 유
아교육 겸임교수로 후학을 양성하고 있다 연극과 교육학의 두
영역을 유연하게 넘나들면서 어린이와 교사와 부모를 만나는
연구자이자 실천가이다. 그리고 유아교육현장과 대학에서 연
극놀이(교육연극)가 예술교육의 또 다른 대안이 되길 소망하며
연구와 실천을 이어가고 있다. 특히 발현적 연극놀이는 현 교육
적 패러다임과 맥을 같이 하며 예술교육의 진일보를 내딛었다
고 평가받고 있다.

어떤 부모가 되고 싶으신가요? 부모됨이란 '내 아이의 삶에 의미와 가치'를 응원하고 지지하며 아이의 바람직한 삶을 실천할 수 있도록 '동행하는 자'이지 않을까 생각합니다. 좋은 부모가 되기 위해서 자녀 양육의 지식 정보만을 제공하는 차원이 아니라 부모와 자녀의 관계에 초점을 두고 그들의 얽힘에 관심을 가질 필요가 있다고 생각해요. 부모의 존재는 자녀와 얽힌 채 누구보다 가장 많은 시간을 보내며 가장 가까이에서 함께 일상을 공유하죠. 그러면서 다양한 상황과 사건 속에서 자녀에게 또한 많은 영향을 미치게 되죠.

그렇기에 부모의 존재를 한 사람의 인간 주체로 인식하여 어떠한 교육과 철학에 충실히 따라야 하는 수동적인 교육의 대상으로 바라보면 안된다고 저는 생각합니다. 왜냐하면 부모는 아이와 그 주변의 모든 상황과 환경이 얽힌 채 내 아이에게 영향을 미치기 때문이죠. 부모를 위한 교육의 최종 목적은 자녀와 부모 모두가 행복을 추구하는데 있습니다. 모두의 행복은 서로를 통해 채워진다고 볼 수 있죠. 즉 부모의 행복감은 자녀에게 고스란히 전이된다고 보고된 바도 있으며 Headey, Muffles & Wagner, 2012, 자녀의 행복감이 부모의 행복감과 직접적인 관계가 있다는 연구결과 김도란·김정원, 2008; 장혜진 외, 2013 도 있듯이 부모의 존재는 아이와 깊이 연결되어 있고 이들의 관계를 위한 성찰과 성장을 돕는 경험의 기회도 중요함을 알 수 있습니다.

부모와 자녀의 관계를 돕는 것 중에서 원활한 의사소통을 꼽을 수 있습니다. 부모와 의사소통이 원활하게 이루어지지 않는 아이는 부정적인 심리 상태를 경험하게 되고 타인과의 관계에서 긍정적인 의사표현이나 상호작용을 적절하게 행하지 못하여 대인관계에 부적응을 보일 가능성이 높습니다. 반면 부모와 자녀가 개방적이고 긍정적인 의사소통과 지지적인 관계가 이루어진다면 부모와 자녀의 행복감은 높다고 보고된 바 있죠 김연화, 강문희, 2008; 황연덕, 이진숙, 2012. 그렇다면 부모와 자녀의 원활한 의사소통, 표현의 방법은 무엇이 있을까요? 바로 우리의 언어이자 텍스트가 될 수 있는 '예술'에 주목하고자 합니다.

제가 주목하고자 하는 예술은 꿈을 담고 있습니다. 우리는 각자의 상황과 형편에서 때로는 고단하고 힘겹게 살아가면서 더 나은 세상을 바라기도 하지요. 예술은 이러한 꿈을 반영하여 드러나기도 합니다. 그런데 예술이 꾸는 꿈은 망상과는 다르다고 할 수 있습니다. 망상은 현실을 잊고 현실에서 벗어나 도망치려는 것이라면, 예술은 현실감을 띠고 세상을 조금씩 바꾸고자 하는 욕망과 이념의 외침이라고 할 수 있습니다. 막연한 아름다움이나, 감상적인 것만을 예술로 대한다면 우리의 예술은 제한적일 수밖에 없습니다. 또한 예술의 상상력은 단순한 공상으로 그치는 것이 아니라 창조의 근간이 될 수 있는 힘이 되며, 다양한 모습으로 현실과 마주하게 됩니다.

부모는 이러한 예술적 상상력을 가지고 현실을 새롭게 보고, 새롭게 들으며, 새롭게 느끼고, 새롭게 마주하다 보면, 그동안 경험하지 못했던 새로운 세상을 창출하는 순간을 만나게 될 것입니다. 예술의 중요성을 알고 예술교육을 주창했던 듀이 Dewey, 2016 는 '단 하나의 완전한 경험' 즉 예술적인 경험이 조화로운 인간의 성장을 이끌어 줄 수 있다고 하였고, 실러 Schiller, 2012 는 인성 함양을 위한 미적 교육을 강조하면서 반드시 예술경험은 필요하다고 강조하였죠. 이들의 주장과 같이 예술적 경험은 인간의 감각을 깨우는 동시에 사고의 확장을 독려하는 도구가 되기도 하고, 다른 세상을 경험할 수 있는 다리가 되기도 합니다.

★ 내가 생각하는 예술은 무엇인지 자유롭게 적어보세요

그동안 예술을 너무 낯설게 여기고, 나의 영역이 아니라고 치부했었다면 지금부터라도 예술을 좀 더 가까이 만나 볼 수 있는 기회를 가졌으면 합니다. 우리가 흔히 예술을 가까이 '만난다'라고 생각하는 것은 어떠한 예술작품을 보거나 예술 공연을 관람하는 것이라 생각할 수 있지요. 예술작품을 보면 때로는 예술가들의 독창적인 해석이나 그들의 내적 체험을 가감 없이 표현하지요. 그런데 우리는 이것을 보면서 논리적으로 분석하고 해석하려는 나 자신을 발견할 때도 있습니다. 그리고 그것이 이해되지 않으면 답답함을 경험하거나 흥미와 집중력을 잃게 되는 경우도 있지요. 반면 예술이 하나의 언어가 되어 다른 상징의 세계를 소통하는 하나의 창이 되는 경우도 있습니다. 공연 중 관객에게 울림으로 다가와 커다란 공명을 안겨주는 공연은 예술가의 몸으로 전달되어 관객에게 감응의 물결로 고스란히 전달되기도 합니다. 이러한 물결은 때로는 잔잔하게 다가오기도 하고, 때론 폭포처럼 용솟음쳐 폭발적인 전율이 내 몸을 감싸기도 하지요.

우리가 경험했던 예술적 순간을 잠시 떠올려 보는 시간을 가져 보아요.

★나에게 가장 강렬하게 기억되는 예술적 순간은 언제였는지 적어 보세요.

★ 강렬했던 순간을 이제는 이미지나 어떠한 형태로 그려보세요.
그리고 그 이미지를 보고 아이가 이어서 그리고, 또다시 부모가 이어 그리며
번갈아 가며 그림을 그려보세요.
그리고 완성된 그림을 본 후 제목도 붙여 보세요.

★ 아이와 함께 익숙했던 집을 새롭고 낯설게 보며 놀이해 보아요.
예를들면 아이와 함께 식탁 아래에 들어가 누운 뒤 식탁을
새롭고 자세히 살펴보세요.
집안 곳곳을 낯설게 보기 시작하면 발견하지 못했던 것들을 찾아낼 수 있어요.
새롭게 발견한 곳에 아이와 같이 종이액자(frame)를 만들어 붙여보세요.

★ 자연소리 또는 경음악을 틀고 집안을 조용히 걸어보세요.
그리고 눈을 감은 채 들으며 떠오르는 장소나 상황 또는
상상의 공간을 떠올리며 천천히 걸어보세요.
만약 아이와 함께 한다면 어떤 상상의 장소로 이동하였는지 나누어 보고
그 장소의 느낌을 가지고 다시 걸어보세요.

★ 아이와 상상의 공간에 대해 이야기를 나눈 후 다양한 천으로 집의
한 공간을 꾸며보아요.
그리고 꾸민 공간에 들어가 아이와 자연스럽게 극놀이를 해봐요.

아이와 함께 예술놀이를 경험하니 어땠나요? 예술이 내 삶과 멀리 떨어져 있지 않고, 너무 어려운 존재가 아니라는 것을 경험하는 시간이 되었으면 해요. 아이와 함께 감각을 깨우고, 나와 주변을 깊은 관계로 들여다보면, 분명 예술과 만나는 지점이 있을거에요. 그것을 아이들과 함께 즐기고 공유하며 소통하다 보면, 분명 지금보다는 행복한 부모와 아이가 되어있을 겁니다. 그럼 나를 돌아보며 아이와 일상속에서 얼마나 소통이 되고 있는지, 그리고 나는 얼마나 예술적인 역량이 있는지를 체크해보세요. 이것은 절대적인 기준이 아님을 밝히며 나를 한 번 돌아보고 생각해보는 방법으로 활용해 보시면 좋을 것 같습니다.

일상 속 나와 아이의 상호작용 돌아보기

일상에서 나와 아이의 상호작용은 어느정도 일까요? 부모가 일상생활에서 자녀와 '주고받는 상호작용' 정도를 생각하시는 대로 체크해주시면 됩니다. 이것은 나를 평가하기보다는 나를 돌아보는 시간이 되길 바랍니다. 다음은 부모의 예술적역량(음악, 미술, 무용, 연극, 문학 등)에 관한 내용입

내용	전혀 아니다	가끔 그렇다	종종 그렇다	대부분 그렇다
나는 아이에게 한 번 반응을 주고는 기다린다.				
나는 아이의 행동을 모방한다.				
나는 아이가 내는 소리 표현을 모방한다.				
나는 아이가 하는 활동들을 모방한다.				
나는 아이가 주도하는 것에 따르고, 아이가 선택한 주제를 지속시킨다.				
나는 아이의 반응을 주고받을 때 아이가 인식하도록 단서를 준다. (예를들면 얼굴 표정, 제스처, 언어적 표현 등)				
나는 반응주기의 수를 늘리기 위해 지시성(요구)이 아닌 반응성을 이용하여 아이가 하는 것을 지속시킨다.				
나는 아이가 흥미로워하는 것에 따른다.				
나는 아이의 행동에 확장하여 반응한다.				
나는 아이의 행동을 읽을 수 있다.				

니다. 부모님의 특성에 가장 적합하다고 생각되는 항목에 체크해 보세요~
아이와 함께 예술놀이를 통해 나 자신이 진짜 살아 있음을 느낄 수 있는 순

설문 문항	전혀 그렇지 않다	그렇지 않다	보통	그렇다	매우 그렇다
나는 예술관련 전문교육을 받은 경험이 있다.					
나는 예술관련 경력, 경험 등이 많다.					
나는 구조적이고 계획적인 것 보다는 자유롭고 새로운 것(즉흥)을 좋아한다.					
나는 예술적 창의성이 뛰어나다.					
나는 예술적 기획, 리더십의 능력이 뛰어나다					
나는 예술에 대한 이해도가 높다.					
나는 예술을 사랑한다.					
나는 예술에 늘 관심을 가지고 있다.					
나는 예술적 감성, 감각이 있다					
나는 예술적 표현능력이 있다.					
나는 예술경험을 자주 즐기려고 한다.					

간이 있기를 바랍니다. 더불어 그 순간들이 부모인 나를 어떻게 변화시켰는지도 함께 경험하길 원해요. 이러한 경험은 내가 이전에 경험하지 못했던 내적 변화와 마주치게 해 줄 것이고, 예술을 통해 그동안 발견하지 못했던 어떤 지점들을 건드려주고 자극하여 나의 내면의 일렁거림을 느끼게 해줄 것입니다. 이것이 바로 새로운 감각과 사고의 문을 열어주는 미적체험의 경험이 아닐까 싶어요.
사랑하는 나의 아이와 예술이라는 통합적 소통의 언어로 관계 맺고 세상

을 향해 질문을 던지며 쳇바퀴처럼 돌아가는 일상 속에서도 깨어있는 부모 자신이 되길 기대하며 글을 마치고자 합니다.

참고문헌

김도란·김정원 (2008). 유아의 행복감과 부모의 행복감간의 관계 연구. 열린유아교육연구 13(6). 311-333.
김연화·강문희 (2008). 아동의 성격유형 및 부모와의 의사소통 유형과 행복감의 관계. 아동학회지, 29(6). 35-54.
장혜진 외 (2013). 영유아 행복을 위한 부모역량 제고 방안 연구. 서울: 육아정책연구소, 황연덕·이진숙 (2012). 아버지 의사소통과 아동의 주관적 행복감의 관계. 아동학회지 33(1). 223-236.
Headey, B., Muffels, R. & Wagner, G. G. (2012). Parents transmit happiness along with associated values and behaviors to their children: a lifelong happiness dividend?. IZA Discussion Paper 6944. 1-37.

우리 집에
놀러 온
그림책 친구들

이욱상

신라대학교 겸임교수

문화예술교육에 관련된 기획, 연구, 실행을 통해 질문, 커뮤니
티, 행복에 관한 일을 도모하길 좋아한다. 신라대학교에서 문화
예술을 가르치고 있으며 4회의 개인전과 다수의 전시, 프로그
램 기획을 하였다.

아이들이 좋아하는 책 속의 캐릭터들이 책 밖으로 나와 우리 집의 다양한 장소를 여행하는 프로그램입니다. 그림책은 아이들에게 일상의 경험을 뛰어넘어 상상력을 키우고 다양한 사고를 확장시켜 줍니다. 책 속의 상상이 현실과 연결되는 체험을 합니다. 세상은 너무도 무궁무진한 이야기들로 가득 차 있음을 알게 되고 매일의 일상을 정말 새로운 시선으로 보게 될 테니까요. 책 속에서만 보던 친구들을 우리 집의 공간에서 발견하는 경험을 통해 당연하고 익숙한 시선에서 벗어나 있는 대상을 새롭게 보는 태도를 배워요.

"엄마! 원숭이 조지가 재봉틀 위를 달리고 있어"

고정되어 보이는 우리 집의 공간 속에 그림책 캐릭터를 통해 상상력을 불어넣어 일상 공간에서의 설렘과 더불어 책에 대한 애정과 친숙함을 가져다 줄 것입니다.

부모와 함께하는 프로그램

(가위질을 할 수 있는 5-6세 아동)

❶ 아이가 좋아하는 그림책 고르기

❷ 아이에게 책을 읽어 주고 아이가 좋아하는 캐릭터 고르기
(꼭 주인공이 아니어도 됩니다)

❸ 아이가 좋아하는 캐릭터 촬영하기
(되도록 도와주며 아이가 촬영하면 좋아요)

❹ 프린터로 출력하고 자르기
(A4지 뒷면에 도화지나 두께가 있는 재활용 종이를 붙이고 자르면 더 좋아요)

❺ 집의 여러 공간에 시간 차이를 두고 캐릭터 옮겨 놓기
(액자, 유리창, 피아노 건반, 크리스마스 트리의 선물양말 등 다양한 공간을
살펴보고 부모와 아이가 함께 의논하며 붙이기)

부모가 비밀스럽게 아이에게 보여주고 대화하는 프로그램
(가위질을 할 수 없는 3-4세 아동)

❶ 아이가 좋아하는 그림책 고르기

❷ 아이에게 책을 읽어 주며 아이가 좋아하는 캐릭터 알기

❸ 아이가 좋아하는 캐릭터 촬영하기(아이에겐 비밀입니다)

❹ 프린터로 출력하고 자르기 (이것도 비밀입니다)

❺ 아이 몰래 집의 특정 공간에 캐릭터 붙이고 아이가 발견할 때까지 기다리기

❻ "엄마! 원숭이 조지가 재봉틀 위를 달리고 있어" 아이의 반응에 모른척 호응해주기

❼ 또 다시 다른 공간으로 옮겨 붙이고 발견할 때까지 기다리기

❽ 옮기고 기다리고 이야기 들어주기

그리고 자르고 붙이기

(캐릭터의 형태를 그려줄 수 있는 부모와 채색할 수 있는 5-7세 아동)

❶ 아이가 좋아하는 그림책 고르기

❷ 아이에게 책을 읽어 주고 아이가 좋아하는 캐릭터 고르기

❸ 아이가 좋아하는 캐릭터 그리고 자르기

❹ 똥 맞은 두더지가 우리 집 어디로 가면 좋을까?

❺ 집의 여러 공간을 시차를 두고 옮겨 가며 붙이고 이야기하기

체험 1, 2, 3 중 아이의 발달 단계와 부모님의 상황과 환경에 맞게 선택하여 체험하면 됩니다. 선택, 자르기, 그리기의 조작활동, 발견, 상상, 대화, 소통과 이해를 프로그램 키워드로 설계했어요. 바쁘게 서두르지 말고 천천히 기다리며 아이의 이야기를 들어주고 집 구석구석에 캐릭터들이 가득하면 어느새 아이는 혼자서 그림책을 넘기고 상상의 여행을 하고 있을 거예요.

참고문헌

《근데 그 이야기 들었어?》, 밤코 글·그림, 바둑이하우스
《따르릉 따르릉 비켜나세요》, H.A 레이 저 글·그림, 시공주니어
《강아지똥》, 권정생 글·정승각 그림, 길벗어린이
《누가 내 머리에 똥 쌌어?》, 베르너 홀츠바르트 저 ·볼프 예를브루흐 그림, 사계절
《사자가 작아져어!》, 정성훈 글·그림, 비룡소